复旦大学望道书库

中国式现代化
与世界历史的当代转向

李健 著

天津出版传媒集团

天津人民出版社

图书在版编目（ＣＩＰ）数据

中国式现代化与世界历史的当代转向 / 李健著. --
天津：天津人民出版社, 2023.9
ISBN 978-7-201-19880-4

Ⅰ.①中… Ⅱ.①李… Ⅲ.①现代化建设—研究—中
国 Ⅳ.①D61

中国国家版本馆 CIP 数据核字(2023)第 219542 号

中国式现代化与世界历史的当代转向
ZHONGGUOSHI XIANDAIHUA YU SHIJIE LISHI DE DANGDAI ZHUANXIANG

出　　版	天津人民出版社
出 版 人	刘　庆
地　　址	天津市和平区西康路35号康岳大厦
邮政编码	300051
邮购电话	（022）23332469
电子信箱	reader@tjrmcbs.com
责任编辑	王佳欢
封面设计	汤　磊
印　　刷	天津海顺印业包装有限公司
经　　销	新华书店
开　　本	710毫米×1000毫米　1/16
印　　张	14.25
插　　页	2
字　　数	180千字
版次印次	2023年9月第1版　2023年9月第1次印刷
定　　价	79.00元

目录

导　论

　　金融危机爆发后,"人类将走向何方"成为始终困扰人们的话题。这个话题背后隐藏着一条基本的线索,那就是世界历史。随着生产力的发展和交往的普遍化,各民族和国家走向世界、孤立的个体走向共同体,民族历史转变为世界历史。如果说以前的近五百年的世界历史是在西方大国主导下演进的,那么现在进入 21 世纪的世界历史有了实现转向的契机。中国特色社会主义进入新阶段和资本主义出现的新变化这个"两新对照"给今天的我们带来了很多新的启示:一边是资本主义生产方式主导下的西方式现代化的弊病丛生,一边是社会主义生产方式主导下的中国式现代化的优势彰显。这两种截然不同的现代化模式决定了世界历史的走向将朝向两种不同的结局。现在的世界历史是由资本主义开辟并主导的。资本主义主导的世界历史既是一种引领进步的力量,因为它为其他国家走向现代化创造了先决条件;也是一种制造落后的力量,因为它凭借隐性的债务控制、经济控制、政治控制、金融控制把其他国家和地区沦为世界历史的配角甚至附庸。因此这种世界历史的本质是:利用全球化带来的增量空间换取资本主义繁荣的时间生命,而当这种增量空间减少时,"美国优先"的叫嚣也就不足为怪了。①

　　在世界历史的背景下,中国式现代化的坚持、拓展和深化具有世界意义:它撕开了资本主义世界历史"铁幕"的口子,一旦撕开,就意味着世界百年未有之大变局的发生。原因在于:中国作为后发国家,在西方主导的世界历史进程中实现现代化十分艰难。发展中国家只有破除"显性"和"隐性"手段的控制,才能走上不同于西方的现代化道路。一个发展中国家现代化的成功意味着对资本主义发展模式的否定。中国式现代化在此层面上具有世界历史意义。习近平总书记在纪念马克思诞辰 200 周年的讲话中提出学习马克思主义的世界历史思想,中国共产党的理论创新也在于此。如此说来,世界历史是否在中国特色社会主义的引领下、在中国式现代化的发展视域中出现了当代转向,可以视为考察社会主义与资本主义新变化的一个重要问题,可以视为思考人类社会未来走向的一项时代课题。由此开启了本书研讨的主题——中国式现代化与世界历史的当代转向。②

　　中国共产党领导的中国式现代化经历了新民主主义革命时期、社会主义革命和建设时期、改革开放和社会主义现代化建设新时期、中国特色社会主义新时代的历史发展阶段,展现了不同于西方式现代化模式的新图景,走出了一条自己的路、一种新的社会主义文明形态,成功开启了世界历史的当代转向。本书汲取马克思主义世界历史思想的理论资源,主要从道路转向、交往转向、文明转向、制度转向四个方面进行简要探析。

---

　　① 参见李冉:《中国道路与马克思实践观的革命性质》,《理论探讨》,2019 年第 3 期。
　　② 这里,"转向"不仅是一种事实判断,更是一种价值判断,表明在现实社会中出现了有利于另一种趋势发展的迹象,这种趋势更符合人类社会发展规律。

一、道路转向：中国共产党领导的
中国式现代化为世界现代化实践提供了新选择

习近平总书记指出："一切成功发展振兴的民族，都是找到了适合自己实际的道路的民族。"①党的二十大报告系统论述了中国式现代化理论体系，这是马克思主义中国化时代化的重大创新成果，这一成果高度概括了中国共产党从我国的伟大实践中提炼出的社会主义建设的基本经验，为世界现代化实践提供了新选择。

（一）中国式现代化道路转向的制度前提

坚持中国共产党的领导，坚持中国特色社会主义，是中国式现代化的制度属性，是中国在建成社会主义现代化强国的历史进程中有别于其他国家现代化发展的独特政治逻辑。能否坚持中国共产党的领导，坚持中国特色社会主义，直接关系中国式现代化的根本方向和基本性质。

坚持中国共产党的领导，是推进中国式现代化的最高原则。从历史上看，我国现代化取得进步与成功的根本原因归结为一点，就是中国共产党百年来对社会主义现代化建设强有力的领导。邓小平曾说："中国一向被称为一盘散沙，但是自从我们党成为执政党，成为全国团结的核心力量，四分五裂、各霸一方的局

---

① 习近平：《在纪念孙中山先生诞辰 150 周年大会上的讲话》，人民出版社，2016 年，第 5 页。

面就结束了。"①习近平总书记深刻指出："一定要认清，中国最大的国情就是中国共产党的领导。"②从现实来看，一个社会要想实现现代化，就必须要有一个能够保证国家稳定和社会进步的政治主体，就必须要有一个始终走在时代前列、以人民为中心的先进政党。"全面建设社会主义现代化国家、全面推进中华民族伟大复兴，关键在党。"③确定党成为中国式现代化的领导力量，对在建设社会主义现代化强国和实现中华民族复兴的过程中更好地坚定历史自信、把握历史规律和掌握历史主动来说起着关键作用，也是站在世界历史的转折点上向一个充满不确定性的世界宣告了中国发展的确定性。

坚持中国特色社会主义规定了中国式现代化的基本性质和发展方向。习近平总书记指出，中国特色社会主义不是其他什么主义，而是社会主义。中国特色社会主义不是其他的社会主义，而是科学社会主义。从破除资本主义的"显性"和"隐性"手段来说，走社会主义道路具有一定的历史必然性。世界市场作为空间开拓的基本形式，是历史走向世界历史的现实载体。空间扩展的每一步都反映着社会生产力发展水平和交换活动范围的提高与扩大。但是"在殖民时期，世界市场的开拓是在争夺原料和地盘的领土逻辑上展开的，这一时期形成的是以殖民体系为中心的世界市场；在资本垄断时期，资本主义国家通过全球的空间组织和结构形式建立了全球性霸权体系，形成了全球性的空间格局，此时空间体系内'权力的资本逻辑'逐渐支配了'权力的领土逻辑'"④。这就是说，在垄断资本主义阶段，在"权力的资本逻辑"支配下，帝国主义宗主国和殖民地半殖民地人民的矛盾，成为工人阶级和资产阶级之外的又一主要矛盾。这一主要矛盾的

① 《邓小平文选》(第二卷)，人民出版社，1994年，第267页。

② 习近平：《论坚持党对一切工作的领导》，中央文献出版社，2019年，第57页。

③ 习近平：《高举中国特色社会主义伟大旗帜 为全面建设社会主义现代化国家而团结奋斗——在中国共产党第二十次全国代表大会上的报告》，人民出版社，2022年，第63页。

④ 韩海涛、李珍珍：《马克思世界历史理论的三重意蕴》，《科学社会主义》，2018年第4期。

激化集中体现为殖民地和半殖民地国家展开的民族解放运动和救亡图存之路，这一由资本主义的非正义性和掠夺性造成的革命叙事，本身就暗含着落后国家选择更先进的社会主义制度的历史必然性。

从中国共产党成立百余年的历史来看，我们党带领各族人民经过长期的探索和实践，历经千辛万苦，付出巨大代价，成功创造了以社会主义为定向的中国式现代化。我国的社会主义现代化建设在跨越资本主义制度的基础上，进一步发挥制度优势，遵循生产关系与生产力的矛盾运动，在普遍交往的文明互动中破局，在具体实践中找到了一条符合本国历史环境的现代化发展新路。作为一个东方大国，中国式现代化经历了一个长时间的发展过程。习近平总书记在学习贯彻党的二十大精神研讨班开班式上的讲话中，将中国式现代化的发展历程归结为四个阶段：

中国式现代化酝酿于新民主主义阶段。以中国共产党的成立为标志，在新民主主义阶段，各族人民在中国共产党的带领下取得了新民主主义革命的胜利，彻底结束了中国半殖民地半封建社会的历史，实现了民族独立和人民解放，中国由半殖民地半封建社会走向社会主义道路，这为中国式现代化的展开创造了根本社会条件。中国共产党的坚强领导，为中国式现代化提供了政治支撑，中国社会开始了真正意义上的现代化转型。

中国式现代化提出于新中国成立和社会主义建设阶段。新中国成立以后，中国共产党明确了现代化的本质属性是社会主义，提出并规划了"四个现代化"的宏伟蓝图，实现了中华民族有史以来最为广泛而深刻的社会变革，实现了一穷二白、人口众多的东方大国大步迈进社会主义社会的伟大飞跃。这一阶段取得的理论成果和实践成就，为中国式现代化提供了根本政治前提、宝贵经验、理论准备和物质基础。

中国式现代化形成于改革开放和社会主义现代化建设新阶段。改革开放以来,我国的现代化建设从物质文明向精神文明、民主法治、社会和谐、生态建设、共同富裕等方面拓展。特别是中国共产党立足社会主义初级阶段的基本国情,遵循现代化发展规律,实行社会主义市场经济体制,通过充满活力的经济体制来解放和发展社会生产力,以开放的姿态借鉴西方发达国家的文明成果,摆脱了传统社会主义现代化模式的束缚,这为中国式现代化提供了充满新的活力的体制保证和快速发展的物质条件。

中国式现代化推进和拓展于新时代。自党的十八大以来,以习近平同志为核心的党中央统筹把握中华民族伟大复兴战略全局和世界百年未有之大变局,统筹推进"五位一体"总体布局,协调推进"四个全面"战略布局,提出了"十个明确""十四个坚持""十三个方面成就",对中国式现代化的科学内涵、目标蓝图、发展规划、战略导向、重大原则等方面都作了明确规定,还现实地消除了绝对贫困问题和全面建成小康社会,并不断回答中国之问、世界之问、人民之问、时代之问,这为中国式现代化提供了更为完善的制度保证、更为坚实的物质基础和更为主动的精神力量,为丰富世界现代化理论和人类现代化实践提供了中国方案。

因此,中国式现代化的酝酿、拓展和深化经历了一个长期的实践探索过程。在这一过程中,坚持中国共产党的领导、坚持中国特色社会主义,将中国式现代化与其他的现代化模式明确区分开来。正如习近平总书记所言:"我们推进的现代化,是中国共产党领导的社会主义现代化,必须坚持以中国式现代化推进中华民族伟大复兴,既不走封闭僵化的老路,也不走改旗易帜的邪路,坚持把国家和民族发展放在自己力量的基点上、把中国发展进步的命运牢牢掌握在自己手中。"①

---

① 《习近平在省部级主要领导干部"学习习近平总书记重要讲话精神,迎接党的二十大"专题研讨班上发表重要讲话强调 高举中国特色社会主义伟大旗帜 奋力谱写全面建设社会主义现代化国家崭新篇章》,《人民日报》,2022 年 7 月 28 日。

（二）中国式现代化道路转向的科学内涵：

基于自身国情的中国特色

　　中国式现代化理论体系形成和完善的过程，也是破解经济文化落后国家如何建设社会主义难题的过程。面对经济文化落后的国家在确立社会主义制度以后，如何建设社会主义这一世界性的难题，中国共产党领导的社会主义现代化不仅进行了成功的实践，而且形成了较为完整的理论架构，具有鲜明的中国特色。"中国正在全面推进中国式现代化，这是中国通过一次次改革开放和创新发展逐渐形成的既符合现代化一般规律又具有独特特征的中国特色社会主义现代化理论和实践。"①

　　中国式现代化基于自己的国情。有学者指出，作为现代化的后发国家，中国现代化的起点较低。新中国成立时，现代工业产值在全部工农业总产值中只占17%，钢产量只有 15.8 吨。从人均国民收入看，1949 年美国达到 1453 美元，英国是 773 美元；亚洲的印度是 57 美元，巴基斯坦是 51 美元，阿富汗是 50 美元，而中国只有 27 美元，不足亚洲平均水平的 2/3，是亚洲也是世界上最贫穷的国家之一。同时，作为现代化的后发国家，中国的现代化建设也具有自身的优势，可以借鉴利用现代化先发国家的发展成果。对此，习近平总书记指出："我国现代化同西方发达国家有很大不同。西方发达国家是一个'串联式'的发展过程，工业化、城镇化、农业现代化、信息化顺序发展，发展到目前水平用了二百多年时间。我们要后来居上，把'失去的二百年'找回来，决定了我国发展必然是一个

---

① 《习近平同法国总统马克龙在广州非正式会晤》，《人民日报》，2023 年 4 月 8 日。

'并联式'的过程,工业化、信息化、城镇化、农业现代化是叠加发展的。"①中国用几十年时间走完了发达国家几百年走过的工业化历程,创造了经济快速发展和社会长期稳定两个奇迹,经济总量占世界经济比重达18.5%,人均国内生产总值达到1.25万美元。实践表明:一个后发国家即使起步晚、起点低,但只要立足本国国情,制定正确战略策略,独立自主找到适合自己特点的现代化路径,驰而不息,就能够实现现代化。②由于我国现代化的低起点,并联式(工业化、城镇化、农业现代化、信息化)发展模式决定了"五位一体"的中国特色社会主义建设总体布局,落后的生产力与先进的生产关系的矛盾也决定了我国的现代化建设具有独特的中国特色。党的二十大报告从五个方面对中国式现代化的"中国特色"进行了概括。

第一,中国式现代化是人口规模巨大的现代化。习近平总书记指出:"我们的现代化既是最难的,也是最伟大的。"③因为中国共产党领导的社会主义现代化,是在14亿多人口的发展中大国推进的,其体量超过现有发达国家的人口总和,是人口规模巨大的现代化。第一次工业革命开始时,英国人口不到600万;第二次工业革命开始时期,美国人口不到8000万。到2019年,全世界已实现现代化的国家和地区的总人口还不到10亿。这很难与中国14亿多的人口规模相提并论。中国整体迈入现代化社会,将彻底改写现代化的世界版图。④

第二,中国式现代化是全体人民共同富裕的现代化。实现共同富裕是社会主义的本质要求。在马克思和恩格斯的经典视域中,社会主义共同富裕有两个基本特征:一是以生产力的高度发展为前提,二是所有人的共同发展、全面发

---

① 《习近平关于科技创新论述摘编》,中央文献出版社,2016年,第24~25页。

② 参见曹普:《中国式现代化的百年追求、重大成就及世界意义》,《科学社会主义》,2023年第1期。

③ 杜尚泽:《"既是最难的,也是最伟大的"(微镜头·习近平总书记参加党的二十大广西代表团讨论)》,《人民日报》,2022年10月18日。

④ 参见曹普:《中国式现代化的百年追求、重大成就及世界意义》,《科学社会主义》,2023年第1期。

展。在社会主义制度框架下，共同发展、共同富裕的主体是人民。其中，"富裕"是包括物质生活、精神生活在内的人的生活方式的全面满足。"富裕"的前提是"共同"，它不是部分人或部分地区的富裕，而是大家都有份的富裕，是"一个也不能掉队"的富裕。

第三，中国式现代化是物质文明和精神文明相协调的现代化。在我国社会主义现代化建设的发展逻辑中，物的全面丰富和人的全面发展是一致的，统一于社会的发展。发展社会生产力的目的是满足人民物质文化生活的需要，促进人的全面发展。物质文明和精神文明相协调的现代化，不仅强调物质生产力的发展，而且注重人的多种需要的满足，如物质需要、精神文化需要、生态产品需要等。

第四，中国式现代化是人与自然和谐共生的现代化。绿色发展是解决人与自然和谐共生的"总纲"。"绿色发展，就其要义来讲，是要解决好人与自然和谐共生问题。"①确定什么样的发展观，由走什么样的现代化道路决定。走人与自然和谐共生的现代化，是中国式现代化的题中应有之义。人与自然和谐共生的现代化阐明了这一结论：生态文明的内在机理是以绿色发展推动现代化，从而在发展方式上规定了我们要走生产发展、生活富裕和生态良好的文明发展道路。

第五，中国式现代化是走和平发展道路的现代化。随着经济全球化的纵深发展，资产阶级主导下的世界历史使很多民族国家在融入世界历史进程的同时丧失了本国特有的民族性，资本主义基本矛盾的持续激化致使全球危机日益加剧。历史与现实证明，资本主义生产方式不能再充当世界历史的发展基础，而是必须予以破除的桎梏。世界的长期和可持续发展不可能建立在一批国家越来越富裕，而另一批国家却长期贫穷落后的基础之上。只有在和平发展的国际环境

---

① 《习近平新时代中国特色社会主义思想三十讲》，学习出版社，2018年，第247页。

中,各国共同发展了,世界才能更好发展。中国共产党领导的中国式现代化坚持走和平发展道路的现代化,有效解决了资本主义主导的世界历史在生产和交往过程中遇到的发展陷阱和发展的"天花板",在推动构建人类命运共同体中谋求自身发展,又以自身发展更好地维护世界和平与发展。

因此,中国式现代化坚持中国共产党的领导,坚持社会主义,既基于自己的国情,又蕴藏着鲜明的中国特色,为人类追求更加美好的未来提供了社会主义方案,丰富了人类进行现代化实践的路径,引领了世界历史的道路转向。

二、交往转向:以推动构建人类命运共同体为本质 要求的中国式现代化,是经济全球化时代 应对百年未有之大变局的理论成果

如何在经济全球化进入更深一度的历史际遇下,重新开启世界历史的新征程呢?正是在这种情形下,习近平总书记提出,我们要站在世界历史的高度审视当今世界发展趋势和面临的重大问题,同各国人民一道努力构建人类命运共同体,把世界建设得更加美好。人类命运共同体是中国式现代化的本质要求之一。中国共产党以推动构建人类命运共同体为主线,坚持"胸怀天下"的世界担当,反对霸权主义和强权政治,充分展现社会主义制度的优越性,为正确处理社会主义和资本主义的关系提供了一种新的交往范式。

（一）中国式现代化推动世界历史交往转向的现实依据：
经济全球化时代的百年未有之大变局

　　我们当前所处的现实历史是，"放眼全球，我们正面临百年未有之大变局"①。党的十九届五中全会通过的《中共中央关于制定国民经济和社会发展第十四个五年规划和二〇三五年远景目标的建议》对此详细指出："当今世界正经历百年未有之大变局，新一轮科技革命和产业变革深入发展，国际力量对比深刻调整，和平与发展仍然是时代主题，人类命运共同体理念深入人心，同时国际环境日趋复杂，不稳定性不确定性明显增加，新冠肺炎疫情影响广泛深远，经济全球化遭遇逆流，世界进入动荡变革期，单边主义、保护主义、霸权主义对世界和平与发展构成威胁。"②

　　当今世界正在经历的百年未有之大变局，总体上依然处于经济全球化的演变历程中。历史地看，经济全球化是社会生产力发展的客观要求和科技革命的必然结果，不是哪些人、哪些国家主观制造出来的。关于经济全球化的阶段划分问题，有学者作出过专门论述。郑必坚在《新时代中国和新一轮经济全球化》中提到，经济全球化可以划分为四个阶段：第一轮经济全球化始于 16 世纪，盛于 18 世纪中叶。由于闭关锁国，中国错失了第一轮经济全球化的发展机遇。第二轮经济全球化始于 19 世纪末 20 世纪初，西方资本主义国家进入了金融资本统治的帝国主义阶段。中国人民在帝国主义侵略战争的威胁下奋勇起来革命，在中国共产党的领导下，建立了中华人民共和国，从新民主主义走向社会主义道路。

---

　　① 《国家主席习近平发表二〇一九年新年贺词》，《人民日报》，2019 年 1 月 1 日。
　　② 《中共中央关于制定国民经济和社会发展第十四个五年规划和二〇三五年远景目标的建议》，《人民日报》，2020 年 11 月 4 日。

第三轮经济全球化始于 20 世纪 70 年代末 80 年代初。世界逐渐进入以和平与发展为时代主题的新格局。中国共产党把党和国家的工作中心转移到经济建设上来,实行改革开放,成功开创了一条同经济全球化相联系的、独立自主地建设中国特色社会主义的道路。第四轮经济全球化开启于 21 世纪,主要表现为以美国为首的发达资本主义国家因经济全球化的缺陷而根本否定经济全球化。当前我们正处于第四轮经济全球化的发展进程之中。①

在第四轮经济全球化的时代,发达资本主义国家以国家安全、维护本国利益等为由,实行贸易保护主义、"脱欧""退群"等逆全球化举措。其原因在于,伴随着世界市场的全球化扩张,资本积累在时间和空间上都达到前所未有的深度和广度。在这种情况下,资本主义的生产力与生产关系不相适应的内在矛盾、生产与消费的现实矛盾等一系列问题经过日积月累,最终转化为一次又一次的经济危机,涉及的范围愈来愈广,直至全球。21 世纪初期,金融危机、债务危机等形式的危机频发,预示了资本主义在经历自由竞争、垄断资本和金融资本的发展之后,带来的是资本主义社会表面的繁荣和背后矛盾的不断加剧。究其原因,隐藏在逆全球化思维背后的是资本积累的结构性危机。而且以往的依附性国家的资本主义发展模式逐渐走向僵化。依附性国家的有效发展是在资本主义体系内完成的,实现其发展的外部动力是资本主义体系的全球性持续扩张。而中心国家的资本积累是以对外围国家劳动力的超级剥削为基础的,其剥削程度随着生产力的发展而持续加深。因此,这种中心-外围的世界体系必然是矛盾的和不平等的。中心-外围的世界体系不但没有解决现存的经济与社会的矛盾,而且加剧了这些矛盾,并在发展过程中又产生了新的矛盾。反观中国,近年来中国的持续快速发展对世界经济的贡献大幅攀升,是国际金融危机以来稳定世界经济发展

---

① 参见郑必坚:《新时代中国和新一轮经济全球化》,《理论导报》,2018 年第 5 期。

的重要力量,以构建人类命运共同体为本质要求的中国式现代化也为世界提供了一条和平、共赢、文明的发展道路。以中国为代表的发展中国家的群体性崛起,日益深刻改变着既有的国际力量对比格局,不断为塑造 21 世纪新的世界秩序注入正能量,对推动全球治理体系变革、建立国际政治经济新秩序起到重要推动作用。

人类命运共同体理念的提出,一方面代表着全球化发展的多元性和复杂性。全球化是一个复杂而漫长的世界历史过程。之前的全球化是新自由主义主导的全球化,其整体上代表的是以美国为首的西方霸权主义价值观。随着全球治理复杂程度的增强以及由资本逻辑主导的世界历史进程呈现出的不确定性,资本逻辑主导的全球化造成了个人与个人关系的分裂、民族国家之间交往关系的不平等。根据马克思主义的唯物史观,当代全球化不是以西方国家资产阶级意志为转移的,而是世界范围内总体生产力和现代科学技术革命发展的客观结果。就当前发展态势而言,我们正处于百年未有之大变局,变局并不意味着无序,而是一个由无序向有序的动态运动。因为"世界问题是任何一个国家问题的必要约束条件。我们不能想象,每一个子集都是有序的,但是总集却是无序的,在这样的条件下能够有效地理解、分析和解决问题"①。另一方面说明全球化不等同于西方全球化,霸权主义价值观不等同于全球主义价值观。"现代国家本身置现实的人于不顾,或者只凭虚构的方式满足整个的人。"②全球化的新特征表现为以命运共同体而不是以维护资本霸权为目标。坚持全球化发展的开放性和包容性,需要不同文明之间的交流互鉴,需要彻底超越主体性霸权,真正实现一种主体—主体的平等交往关系。推及世界各国而言,各个国家需要转换立场,从

---

① 赵汀阳:《没有世界观的世界——政治哲学和文化哲学文集》(第二版),中国人民大学出版社,2005 年,第 8 页。

② 《马克思恩格斯文集》(第一卷),人民出版社,2009 年,第 11 页。

国家主体立场转变为人类主体立场,形成"你中有我,我中有你"的良好氛围。而人类命运共同体的优势就在于,"它避开了进步理念与西方优越性之间的密切联系,避开了西方叙事所导致的帝国主义扩张,避开了强加于人的做法"①。

(二)中国式现代化推动世界历史交往转向的理论成果:
人类命运共同体②

历史向世界历史的转变,是以生产力的普遍发展和民族的普遍交往为前提的,它伴随着资本主义生产方式的确立而形成。俄国十月革命的胜利,整个世界历史划分为资本主义(资产阶级)的时代和社会主义(无产阶级)的时代。这意味着人类文明形态在不同地域和民族出现了两种不同的社会制度。在冷战时期,以资本为主导的资本主义文明形态与以国家为主导的社会主义文明形态没有找到合理而有效的两制相处模式。在世界进入百年未有之大变局之际,人类社会正在走向一个新的历史拐点。资本主义的制度性缺陷和结构性矛盾带来了全球化发展困境,世界交往的不平等更是加剧了被资本奴役的物化的个人与全面发展的类存在之间的矛盾、民族国家和全球资本之间的矛盾,改变现行民族国家交往范式日益成为时代必需。基于21世纪社会主义和资本主义的并存格局和马克思主义世界历史思想的理论资源,中国共产党适时提出"人类命运共同体"的重大原创性理念,找到了一条正确处理资本主义与社会主义关系的现实路径。

---

① [英]马丁·阿尔布劳:《中国在人类命运共同体中的角色——走向全球领导力理论》,严忠志译,商务印书馆,2020年,第34页。

② 如何理解"命运"一词?在唯物史观视域中,"命"强调的是某种确定性,"运"则是带有偶然性的色彩。命运揭示的是事物发展的必然性和偶然性相统一的总体趋势。

　　人类命运共同体在政治秩序上的基本主张是：在无序向有序的运动中顺势而为，不断增强不同民族国家相互交往的主动性，注重本国与世界的良性互动，通过合作共赢实现共同发展、和平发展，这是为"作为规范人类普遍交往的全球化"而进行的一场全球治理体系上的变革。人类命运共同体在经济变革上的基本主张是：在两制并存时代，经济规律依然在起作用。"各国相互协作、优势互补是生产力发展的客观要求，也代表着生产关系演变的前进方向。在这一进程中，各国逐渐形成利益共同体、责任共同体、命运共同体。无论前途是晴是雨，携手合作、互利共赢是唯一正确选择。这既是经济规律使然，也符合人类社会发展的历史逻辑。"①这是为"作为承载生产力普遍发展的全球化"而进行的一场全球生产体系上的变革。人类命运共同体在价值原则上的基本主张是：秉持多元化、差异性的价值理念，追求人类文明形态的多样性，打造包含不同文明形态的文明型国家。具体而言，人类命运共同体不是内在地设定一个普遍性的、终极的、必然的价值秩序，不是"以一驭万"的形而上学思维方式，不是直接还原为唯一的"元价值观"。面对价值观的多样性和异质性，人类命运共同体弘扬全人类共同价值，以自我与他者的共在来化解世界范围内主体发展的伦理危机。这表明，在现阶段，构建人类命运共同体的主张"不是以一种文明代替另一种文明，而是不同社会制度、不同意识形态、不同历史文化、不同发展水平的国家在国际事务中利益共生、权利共享、责任共担，形成共建美好世界的最大公约数"②。

　　总的来说，面对当今世界百年未有之大变局，以人类命运共同体为认识基础的中国式现代化推动了世界历史的交往转向，并集中表现为：尊重不同文明

---

①　《习近平外交演讲集》（第二卷），中央文献出版社，2022 年，第 170~171 页。

②　《习近平出席中华人民共和国恢复联合国合法席位 50 周年纪念会议并发表重要讲话》，《人民日报》，2021 年 10 月 26 日。

的发展规律，立足多元共生的人类文明，弘扬全人类共同价值，积极推动构建更加合理的政治经济新秩序，促进不同文明交流互鉴、共同繁荣。

三、文明转向：作为人类文明新形态的中国式现代化展现了世界历史的不同文明样态

"经纬天地曰文，照临四方曰明。"习近平总书记在党的二十大精神研讨班开班式上明确提道："中国式现代化，深深植根于中华优秀传统文化，体现科学社会主义的先进本质，借鉴吸收一切人类优秀文明成果，代表人类文明进步的发展方向，展现了不同于西方现代化模式的新图景，是一种全新的人类文明形态。"①中国特色社会主义在中华民族、社会主义、人类发展前途问题上协调并进，不但形成了独特的中国式现代化道路，而且把中国特色社会主义引向了一种新的文明形态。中国式现代化的形成、深化和拓展，使得中华文明实现了从传统到现代的转化，标志着中华民族真正开始"强起来"了，也标志着科学社会主义发展到了一个新阶段。

（一）中国式现代化推动世界历史文明转向的历史唯物主义依据

马克思和恩格斯所说的"世界历史"，特指随着生产力的发展，尤其是资本主义制度确立以来，世界各个民族和国家在普遍交往的条件下，表现出的相互依存、密不可分的世界整体化趋势。在世界趋于整体化的过程中，世界历史的发展

---

① 《习近平在学习贯彻党的二十大精神研讨班开班式上发表重要讲话强调　正确理解和大力推进中国式现代化》，《人民日报》，2023 年 2 月 8 日。

呈现出一般规律与特殊形式相互作用的辩证特性。世界历史的一般规律只有通过特殊形式(民族和国家的不同发展路径)才能得以现实化展开。

规律本身讲的是一般与特殊的关系问题。世界历史的一般规律指的是历史发展的必然性,强调的是发展的普遍性。从世界历史发展的必然性来看,民族历史走向世界历史,呈现的是由资本主导的、经由世界市场所开拓的时代图景。"资产阶级,由于开拓了世界市场,使一切国家的生产和消费都成为世界性的了。"①发达国家开辟世界市场的目的是为了满足资本扩张的需要,是为了将落后国家沦为自己的殖民地,从而将其纳入资本主义世界历史的版图。正如马克思在《不列颠在印度的统治》中提到的:"英国在印度要完成双重的使命:一个是破坏的使命,即消灭旧的亚洲式的社会;另一个是重建的使命,即在亚洲为西方式的社会奠定物质基础。"②虽然资本主义文明能够为落后国家带来"文明之光",但这一带有殖民、剥削和扩张属性的文明进程,不过是建基于资本逻辑之上的、服务于资本主义文明的一种"资本之恶"。对资本主义文明而言,这种"资本之恶"意味着生产的社会化与生产资料私人占有之间的矛盾、消费与生产的矛盾不会在资本主义制度框架内得到根本性解决,资本主义生产方式的内在矛盾始终会不可避免地带来经济危机和社会革命。这意味着,其必将被更高级的生产方式所取代,资本主义向更高级的社会形态的跃升符合历史唯物主义发展的一般规定。

世界历史的特殊规律强调的是历史发展的独特性,即各个民族国家可以在一定的历史环境和社会条件下,突破资本主义世界历史的束缚,不屈从于资本主义生产方式而走出一种不同于资本主义现代化的发展模式。正如恩格斯所言:"每一种特定的经济形态都应当解决它自己的、从它本身产生的问题;如果

---

① 《马克思恩格斯文集》(第二卷),人民出版社,2009年,第35页。

② 同上,第686页。

要去解决另一种完全不同的经济形态的问题，那是十分荒谬的。"①依据世界历史辩证发展的规律，马克思和恩格斯将视野转向东方国家，在晚年形成了异于西方资本主义批判性分析框架的东方社会理论。东方社会理论是世界历史思想的重要组成部分，也是跨越"卡夫丁峡谷"之问的理论依据。这一理论集中体现在其晚年的著作《历史学笔记》和《人类学笔记》中，但在马克思和恩格斯的其他相关代表性文章，如《给维·伊·查苏利奇的复信》（包括三个复信草稿和正式复信）、《〈论俄国的社会问题〉跋》和《共产党宣言》俄文版序言中也能够看到，东方社会理论主要探讨的是落后国家的未来发展道路，特别是回答如何跨越资本主义的"卡夫丁峡谷"。

可以说，在世界历史的大视野中，一个民族、一个国家的文明发展进程在遵循社会发展总趋势的基础上，也会呈现出非常规的、跨越式的发展特点，起决定作用的因素是生产方式。一般来说，人类文明的跃升集中体现为生产方式的跃升。而生产方式的跃升大致来说，经过了两种截然不同的演进路径：一种是借助资本的增殖本性，以雇佣劳动的方式生产剩余价值，并通过世界市场的空间扩张，打破各民族之间的地域限制，创造了资本主义现代化；另一种是基于东方社会的具体语境，落后国家在西方社会的领土逻辑和资本逻辑的双重权力控制下、在经济全球化的背景下展开的民族解放运动和独立自主的发展道路，创造了社会主义现代化。我们今天所说的中国式现代化，就是中国共产党带领人民群众开创的一条社会主义现代化实践的新路。

---

① 《马克思恩格斯文集》（第四卷），人民出版社，2009 年，第 458~459 页。

（二）中国式现代化推动世界历史文明转向的产物：
人类文明新形态

人类文明新形态以我国社会主义现代化建设吸收和取得的文明成果为基本前提，是中国式现代化推动世界历史文明转向的产物，代表着人类文明进步的发展方向。因此，中国式现代化未来的方向不是"后现代"，而是"现代"化进入人类文明新形态，是中国文明的更新、创造。[①]

何谓"文明"？马克思在提到"文明"这一概念时，会使用"现代文明""资产阶级文明""现代资产阶级文明"等表述，"文明"也往往跟"进步"紧密联系在一起。在马克思看来，尽管人类文明的发展路径是曲折的，停滞和倒退也是常有的，但其历史进步的趋势是不可改变的。汤因比把"文明"当作历史研究的单位，主要从复数意义上来使用"文明"，对"单一文明"观念作出批判并表达了不同文明之间平等的观点。汤因比认为，西方人之所以持有"单一文明"观念，除了西方成功扩张这一现实社会环境的影响外，另外还受三种错误观念的影响：自我中心观、东方不变观和直线进步观。[②]

中国学者何怀宏在《文明的两端》中给"文明"下了这样的定义："文明，就是一定数量的人们，具有一定的可以持久固定群居的物质生活基础，形成了或者正在走向一定的政治秩序，具有一定的精神生活状态的人类开化状态，也即，文明一般包括三个要素：一是物质文明，包括劳动的分工、稳定的物质生活来源和剩余收益，以及相当规模的聚居，如城镇；二是政治文明，包括出现了国家或国家的雏形，或者正在走向国家，且可能也要容纳其中局部和暂时的政治秩序的

---

① 参见谢茂松：《中国式现代化的三重主体性与人类文明新形态》，《开放时代》，2023 年第 3 期。
② 参见刘文明：《多元文明的历史书写：历史回顾及理论思考》，《历史教学》，2013 年第 6 期。

崩溃；三是精神文明，不仅有精神的内心生活，还有精神的外在形态和成果，包括文字，或至少丰富精致的口头语言，有各种可以流传和留存的精神产品，有比较稳定的价值观念等。"①

张维为在《中国震撼：一个"文明型国家"的崛起》中，对中国为什么是一种"文明型"国家提出了自己的见解。他在书中提道："中国社会数千年的文化基因看来大致决定了中国社会未来演变的大趋势：它不会是西方所希望的'社会与国家'对峙冲突模式，而更可能是'社会与国家'的互动互补模式。这个模式也能使中国社会比西方社会更具凝聚力、竞争力与亲和力。"②"在中国模式的指导下，中国'文明型国家'的四大特征——人口、地域、传统、文化都成了我们崛起的最大优势：我们有世界最充沛的人力资源和世界最大的潜在市场，我们有其他国家难以比拟的地缘优势，我们有自己悠久的历史传承和独立的思想体系，我们有取之不尽、用之不竭的文化资源。"③简言之，"今天的中国已经是把一个'民族国家'与'文明国家'融为一体的'文明型国家'（civilizational-state），是一个把'民族国家'和'文明国家'的长处结合起来的国家，这本身就是一个奇迹，体现了中华文明的巨大整合能力"④。

那么作为"文明型国家"的中国，它是如何通过中国特色社会主义创造了中国式现代化新道路，创造了人类文明新形态呢？可以说，人类文明新形态是中国式现代化推动世界历史文明转向的产物，中国式现代化内含的三大使命决定着它在开拓一种新的发展模式的同时，也在创造一种新的文明形态。

首先，中国式现代化肩负创造中华民族现代文明的使命。从概念的范畴来

---

① 何怀宏：《文明的两端》，广西师范大学出版社，2022 年，第 3~4 页。
② 张维为：《中国震撼：一个"文明型国家"的崛起》，上海人民出版社，2011 年，第 76 页。
③ 同上，第 79 页。
④ 同上，第 64 页。

看，中华民族现代文明应该囊括当代中国共产党领导人民所进行的一切创造，包括物质文明、政治文明、精神文明、社会文明、生态文明和党的政治文化、军事思想、外交思想等。①作为延绵五千余年的中华文明，中国自古以来便有着"协和万邦"的天下观、"和而不同"的文明观。这些思想为中国式现代化创造中华文明新形态提供了丰厚的文化滋养和哲学底蕴。"人类文明新形态所注重的以人民为中心、构建人类命运共同体，所蕴含的'整体协调''多元包容'等确实具有中华传统文明的基因。可以说，人类文明新形态扎根于传统的中华文明之中。"②中国式现代化所创造的人类文明新形态，不仅是人类现代化的新形态，也是中华文明的新形态，这种新形态推动了中华文明的当代重塑和赓续鼎新。

其次，中国式现代化肩负创造科学社会主义新形态的使命。中国式现代化所创造的科学社会主义新形态，是把马克思主义基本原理同中国具体实际相结合、同中华优秀传统文化相结合的新形态，是科学社会主义理论逻辑同中国社会发展的历史逻辑相结合的新形态，是具有社会主义原创性的新形态。完成了这个使命，才能在新时代更好地推进马克思主义中国化时代化，使马克思主义的真理力量转化为推动中华民族伟大复兴的强大物质力量，并解决西方现代化所不能解决的贫富不均、政治极化、社会分化、世界动荡等难题，铸就中国特色社会主义新辉煌。③

最后，中国式现代化肩负创造区别于西方文明的人类文明新形态的使命。中国式现代化所创造的人类文明新形态，具有国际影响和世界意义，不仅能为广大发展中国家找到非资本主义的现代化道路，而且能为彻底结束"国强必霸"

---

① 参见孙强：《立时代之潮头 发思想之先声——访马克思主义哲学家陈先达教授》，《思想政治工作研究》，2023 年第 7 期。

② 陈学明：《走向人类文明新形态》，天津人民出版社，2022 年，第 5 页。

③ 参见李捷：《关于中国式现代化道路和理论的思考》，《马克思主义理论学科研究》，2023 年第 5 期。

国际政治经济旧秩序开辟道路,铸就构建人类命运共同体的新辉煌。①

综上所述,基于历史唯物主义对社会现实的一般规定,我们要想在中国式现代化实践中更好地构建人类文明新形态,就必须顺应世界历史的发展规律,积极借鉴资本主义文明的先进成果,坚持马克思主义的指导思想,实现社会主义文明与中华优秀传统文化的有效衔接,重点在"第二个结合"中解决一系列人类文明所面临的重大时代课题。

四、制度转向:以人的自由全面发展为旨趣的 中国式现代化开辟了科学社会主义发展的新境界

马克思所指明的共产主义仍然是人类迄今为止的最根本的"历史确定性"。②在科学社会主义基本原则的规定下,中国式现代化以人的自由全面发展为内在要求,以建立共产主义社会为社会目标,开启了世界历史的制度③转向。

(一)中国式现代化制度转向的价值旨归:人的自由全面发展

"现代化"是一个世界历史概念,是在世界历史中趋向于社会化大生产,从而趋向于人的自由全面发展的社会形态概念。其中,人的自由全面发展被马克思主义经典作家称为"新社会的本质"。习近平也指出:"人,本质上就是文化的人,

---

① 参见李捷:《关于中国式现代化道路和理论的思考》,《马克思主义理论学科研究》,2023 年第 5 期。
② 参见吴宏政:《世界变局中的"历史确定性"》,《马克思主义理论学科研究》,2023 年第 3 期。
③ 这里的制度同社会形态,指的是一种广义的社会制度,而不是某种具体的国家制度。

而不是'物化'的人；是能动的、全面的人，而不是僵化的、'单向度'的人。"①

　　根据马克思的"三形态说"，在"以物的依赖为基础的人的独立性"阶段，资本增殖是现代社会必须直面的生存境遇。个人在被纳入资本主义现代化这一历史进程之时，就是以丧失"类本质"为代价的。人同作为类存在物的自身发生现实的、能动的关系，只有通过异化的形式才有可能。"人的类本质，无论是自然界，还是人的精神的类能力，都变成了对人来说是异己的本质，变成了维持他的个人生存的手段。"②在"人的自由全面发展"阶段，一方面，"类本质"指向自由自觉的活动，即劳动的自由；另一方面，就个体与社会的关系而言，"类本质"指向个体在交往的共同活动中表现出的社会力量。因为究其本质而言，"一定的生产方式或一定的工业阶段始终是与一定的共同活动方式或一定的社会阶段联系着的，而这种共同活动方式本身就是'生产力'"③。马克思把"共同活动"提升到了社会生产力的高度，认为个人力量由于分工而转化为物的力量这一现象，不能靠人们从头脑里抛开关于这一现象的一般观念的办法来消灭，而是只能靠个人重新驾驭这些物的力量，靠消灭分工的办法来消灭。没有共同体，这是不可能实现的。只有在共同体中，个人才能获得全面发展其才能的手段，也就是说，只有在共同体中才可能有个人自由。在这个意义上，马克思进一步把人类的历史归结为个人本身力量发展的历史，即"个体发展的历史"④。基于此，人不是具有固定不变的"类本质"的人，人的"类本质"不过是在现实的历史中逐步生成的。对马克思来说，"更加重要的是从物的依赖性到自由个性、从经济人向社会人的那个'过渡'"⑤。

　　①　习近平：《之江之语》，浙江人民出版社，2007 年，第 150 页。

　　②　《马克思恩格斯文集》（第一卷），人民出版社，2009 年，第 163 页。

　　③　同上，第 532~533 页。

　　④　高清海：《人的未来与哲学未来——"类哲学"引论》，《学术月刊》，1996 年第 2 期。

　　⑤　陈学明：《西方马克思主义对人的存在方式的研究》，《中国社会科学》，2018 年第 4 期。

因此，马克思提出有原则高度的"人的革命"，这一"人的革命"是在消灭现存的不合理状况中恢复人的"类本质"，是实现人的自由全面发展。中国式现代化作为马克思主义中国化时代化的最新理论成果，是科学社会主义理论逻辑与社会主义历史逻辑有机结合的产物，实现人的自由全面发展构成了中国式现代化的内在要求。

（二）中国式现代化制度转向的最终归宿：建立共产主义社会

马克思主义共产主义学说的落脚点是社会，社会发展的目的是实现人的自由全面发展。在共产主义社会，"人以一种全面的方式，就是说，作为一个完整的人，占有自己的全面的本质"①。这里的社会包含三个层次：既是人类社会，也是社会形态，更是社会制度。

第一，共产主义社会的立足点不是旧唯物主义的"市民社会"，而是新唯物主义的"人类社会"。历史唯物主义不只是说明资本主义阶级社会的科学，它还是说明整个人类社会的科学。以人类社会为起点的共产主义不仅具备解释世界的应然性，同样具有改变世界的必然性，它因凝聚哲学、政治经济学和社会主义运动的精华而被置于历史和道义的制高点。②

第二，共产主义社会不是一种经济性的或政治性的社会，而是同高度发达的生产力相适应的经济基础与上层建筑的统一体。共产主义根本就不是一种政治制度或经济制度，而是从人类解放或社会化了的人类的角度，把它看作真正联合意义上的社会状态，即自由人联合体。

---

① 《马克思恩格斯文集》（第一卷），人民出版社，2009 年，第 189 页。
② 参见侯小丰：《从市民社会到人类社会：马克思共产主义思想的理论起点探析》，《浙江学刊》，2017 年的 6 期。

　　第三,共产主义社会不是建立在个人利己主义的基础之上,而是建立在个人与社会共同体相互依存基础之上的社会制度。人首先是"共同体中的人",只有在普遍关系中,即人与人的关系和人与物的关系中,才能在经济上消灭其产生的物质生活状况即经济关系,才能消灭其产生的精神生活状况即社会关系。换句话说,共产主义社会就是在处理人与共同体的关系,或者说,人的自由全面发展就是在自由人联合体中实现的。日本马克思主义学者柄谷行人在描述这一关系时,更看重个人,看重"自由人联合体"中人的自由一面。但在马克思主义的意义上,在"社会"基础上的自由联合,才是共产主义在更高层次上要恢复的东西。共产主义未来形态的社会形式,在马克思的表述中有两点很突出:第一点是强调共产主义是"集体财富的一切源泉都充分涌流"的社会形式,第二点是强调共产主义是"以每个人的全面而自由的发展为基本原则的社会形式"。

　　因此,共产主义是一项世界历史性存在的事业,是真正实现了人的自由全面发展的理想社会形态。如果说"在19世纪,世界社会主义运动的参照系是德国,主要历史任务是社会主义理论的形成发展与社会主义运动的开展;在20世纪,世界社会主义运动的参照系是俄国,主要历史任务是社会主义革命与政权建立、社会主义制度建立与巩固"。那么"到了21世纪,世界社会主义的参照系已转到中国,主要历史任务是全面改革与社会主义制度的发展和完善,社会主义制度的优越性真正显现"。①此时,中国特色社会主义成为实现21世纪世界共产主义和社会主义运动振兴的重要载体和推动力量,它不仅肩负着实现中华民族伟大复兴的历史使命,还拓展了进行共产主义现实运动的新路径。比如,在价值观方面,以弘扬全人类共同价值来推动构建人类命运共同体,这一方式破解了世界秩序难题;在发展观方面,以中国式现代化超越资本主义现代化,这一方

---

　　①　姜辉:《21世纪中国特色社会主义的世界意义》,《世界社会主义研究》,2017年第4期。

式破解了世界发展难题；在人民观方面，以人的自由全面发展为最高目标，这一方式超越了资本主义社会中人的发展与社会发展的不协调难题。这说明，共产主义社会不是由理论家构想出来的应当状态，而是共产党人领导下的，在无产阶级运动中不断生成的一种成熟的社会形态。

总的来说，正是在中国共产党的领导下，在现代化的道路实践中，在人类命运共同体的构建中，在展现人类文明新形态之"新"中，在不断朝着共产主义的发展方向中，中国式现代化顺应世界历史发展大势，开启了世界历史的当代转向。

第一章 马克思主义世界历史思想
奠定了世界历史转向的理论基础

　　在本章中，我们将马克思主义世界历史思想具体阐释为三个重要问题：世界历史的开辟与发展、推动世界历史发展的真正主体、世界历史该往何处去，并由此得出了三个结论：第一，资本主义开辟了世界历史，但世界历史的道路选择并不只有资本主义这一种；第二，无产阶级是推动世界历史发展的真正主体，承担着建立世界历史性事业①的历史使命；第三，世界历史的走向是确定的，它将最终走向自由人联合体的共产主义社会。马克思主义世界历史思想在揭示世界历史的本质及其演进规律的同时指明了世界历史的发展方向，是我们今天研究世界历史当代转向问题的理论基础。

---

　　① 这里的"世界历史性事业"是指，在批判、革除资产阶级属性的世界历史的基础上探究、创造无产阶级属性的世界历史。

一、世界历史的开辟与发展

伴随着生产力的发展和交往的普遍化，资本主义开启了世界历史的新篇章。这个篇章既描绘了资本主义带来的繁荣景象，又派生了与此完全相反的全球性危机。呈现矛盾性的资本主义既为世界历史设定界限，也为社会主义和共产主义的来临创造新的可能。今天，重新审视马克思主义世界历史思想，特别是澄清"资本主义开辟世界历史"这一基本论断的科学性，指明资本主义开辟世界历史的现实条件和发展趋势，探讨世界历史发展道路的多线性问题，继而在全球化时代背景下考察世界历史发生了哪些实质性变化，对我们进一步关照世界历史的当代发展来说是尤为关键的一步。

（一）澄清"资本主义开辟世界历史"这一基本论断的科学性

"如何理解世界历史"是研究马克思主义世界历史思想的首要问题。针对这一问题，国内学界的研究众多却不乏争论，主要争论的焦点问题集中在：世界历史是资本主义开辟的还是大工业发展的必然结果？

在回答这个问题之前，首先应当明确"世界历史"的定义。从概念的种属关系来说，"世界历史"是一个历史学术语，主要指从民族性历史走向世界性历史的历史整体化过程。其中，世界历史的研究不仅包括世界史本身，还包括了各地区的民族史。历史学家普遍认为，世界近代史是资本主义产生、发展并扩张到全球范围的历史。但也有学者提出了不同的观点。比如，在《再谈世界近代史的定义问题》一文中，徐永璋和于兆兴认为历史时期的划分不同于社会形态的演变，将世界近代史界定为资本主义时代的历史是不确切的,在世界历史的框架内探讨资本主义是不恰当的。这个观点在某种程度上驳斥了"资本主义开辟世界历史"这一基本论断。他们将反对原因归结为以下两点:第一,"世界近代史"是一个划分世界历史时期的概念,资本主义是一个在人类社会发展进程中隶属于社会形态的概念,两者是在不同学术语境下使用的。第二,"世界历史"是一个可以变动的时间概念。随着历史的发展,世界历史的内容也在不断扩充。而资本主义是一个相对明确的社会形态概念。如果资本主义还没有消亡,那么就会导致现代史的定义无法确认。因此他们认为,如果在世界近代史范围内讨论资本主义的话,那么就意味着在现代史的框架内不能讨论资本主义。当然,若仅从世界近代史的角度来谈论世界历史与资本主义的定义,这种观点是有其合理性的。但是马克思主义所讨论的"世界历史"是唯物史观视域中的世界历史。马克思曾批判以往历史哲学家的普遍历史观是把历史"仅仅看成与历史进程没有任何联系的附带因素"[1],从而将现实看作非历史的东西。从唯物史观的角度来看,在具体的资本主义社会中生成与发展出来的现实因素都跟世界历史的发展过程密不可分。从单纯的"世界历史"概念的角度来看,以资本主义的相对确定性为由,得出资本主义无法推断出世界历史的变动性这一结论也是缺乏依据的。因为"资本主义"并非仅仅作为一种社会形态,其含义也是在不断发展变化的。在近代早期,"资本主义"一词作为一种先进生产方式的指称,具有强烈的经济色彩。它区别于传统的依附性劳动制度,主要指的是一定规模的、通过雇佣劳动而为市场进行生产的劳动制度。在英国资产阶级革命以后的这段历史时期,"资本主义"一词是作为一种社会政治制度,即在资产阶级立宪制的意义上来使用的,这里的"资本主义"更强调其政治色彩。而到了19世纪末20世纪初,随着俄国十月

---

① 《马克思恩格斯文集》(第一卷),人民出版社,2009年,第545页。

革命的胜利和苏联社会主义国家的建立,"资本主义"一词是与"社会主义"相比较意义上使用的,具有强烈的意识形态色彩。在今天,"资本主义"概念兼具经济、政治和意识形态等不同含义。在这里,我们虽然不能将世界历史与资本主义一概而论,但也决不能单从定义上将世界历史与资本主义分离开来。

同时,当我们谈到世界历史的时候,如果前面有个限定词"马克思主义"的话,那么这里讨论的问题就不再是纯粹世界近代史意义上的世界历史,更不是黑格尔和康德所谓的人的意识中的世界历史,而是以"每一个过着实际生活的、需要吃、喝、穿的个人都可以证明这种行动"①为现实原则的世界历史。无论是在早期的《德意志意识形态》《共产党宣言》,还是后期的《资本论》等文本中,我们都能清楚地看到,马克思主义世界历史思想与资本主义的发展进程是分不开的。这里,"资本主义开辟世界历史"构成了资本主义批判和无产阶级出场的重要历史前提。马克思和恩格斯在《德意志意识形态》中提道:"它首次开创了世界历史,因为它使每个文明国家以及这些国家中的每一个人的需要的满足都依赖于整个世界,因为它消灭了各国以往自然形成的闭关自守的状态。"②依据这段话的内容,这里论述的主语"它"应是机器大工业。因为可以参照前面一句话"大工业通过普遍的竞争迫使所有个人的全部精力处于高度紧张状态"③。但是当结合整个部分来看时,我们发现,马克思其实是在讲,随着大工业的出现,特别是世界市场的开辟,资本运动的速度变得快了起来,资本扩张的范围变得更广。这里提到的大工业只是世界历史出现的条件,并不是最终原因,这里的最终决定性因素是资本主义生产方式。因为大工业的出现明显受制于一定历史阶段的生产力和生产关系,而"受到迄今为止一切历史阶段的生产力制约同时又反过来

---

① 《马克思恩格斯文集》(第一卷),人民出版社,2009年,第541页。

②③ 同上,第566页。

制约生产力的交往形式，就是市民社会"①。而这个市民社会才是"全部历史的真正发源地和舞台"②。从狭义上讲，市民社会即资产阶级社会，因为"真正的市民社会只是随同资产阶级发展起来的"③。因此，从表面上来看，世界历史的开辟是大工业发展的结果，但是究其本质，它是资本主义生产方式起作用的结果。

综上所述，"资本主义开辟世界历史"这一科学论断应当在两个方面得到澄清：一方面，世界历史并非只是历史学家口中的各民族历史走向整体化历史，而是与资本主义全球化紧密联系在一起的历史。在这个意义上，资本主义同世界历史都处于动态发展变化之中。另一方面，世界历史是资本主义开辟的，而不是大工业发展的必然结果。世界历史的开辟与发展同资本主义的发展阶段保持内在一致性。就以上两点而言，误解了这一论断的任何一方面都无法得出对世界历史的正确判断。基于此，我们尝试给出"世界历史"的正确理解方式：它不是世界各民族历史的抽象概括，而是由资本主义开创的、以生产力的发展和交往的普遍化为前提、结束了各民族封闭状况的一个新的历史阶段。

（二）资本主义开辟世界历史的现实条件与发展趋势

资本主义开辟世界历史需要两个条件：一是资本主义生产方式的出现，二是民族交往的普遍化。在这两个前提下，资本主义主导的世界历史在实现自身发展的同时也因全球性危机的频发为自身设定界限。究其本质而言，一方面，隐藏在危机背后的资本与劳动的矛盾成为阻碍世界历史进一步扩张和发展的障

---

① ② 《马克思恩格斯文集》（第一卷），人民出版社，2009年，第540页。

③　同上，第582~583页。

碍;另一方面,资本主义开辟世界历史的进程并非超历史的和非自然的,它自身在发展过程中就蕴含着否定性的因素,这同时构成了马克思主义对世界历史发展趋势进行现实展望的内在依据。

1.资本主义生产方式规定了世界历史的空间向度

在黑格尔那里,囿于当时的历史条件,世界历史表现出的扩张需求只能通过"绝对精神"的运动表现出来。马克思在经历了一系列现实的思考后,认清黑格尔"绝对精神"概念的背后是现实的资本在起作用,从而将资本主义的生产方式及其内在的矛盾机理揭露出来,认定世界市场的对外扩张是生产力提高的必然结果,更是资本主义发展到一定阶段的历史产物。

资本主义在生产方式上极大地调动了生产力要素,促进生产从地方走向全球,不仅激活了不同空间的生产活力,也为世界市场的全球扩张提供了重要途径。马克思和恩格斯并未仅仅把世界市场看作生产与消费的空间场所,更重要的是,他们把世界市场本身看作资本主义生产方式征服世界的外在表现。同时,第一、二次技术革命给人们的出行方式和通信手段带来了巨大的改变,这直接扩展了人与人之间的交往范围和形式,为地理空间的迅速扩张提供了客观条件。但是普遍提高的生产力并未使世界朝着合理有序的方向发展,反而引发了一系列由于发展不平衡带来的冲突和矛盾,使得这个世界形成了以欧洲为中心的世界市场,使得这个世界逐渐为资产阶级代言,使得这个世界"变成了资本主义的世界,一小部分有影响力的'先进'国家,发展成为以工业经济为主的国家"[①]。这些所谓的"先进"国家控制着世界经济的发展,很多落后国家(包括中国)则是被迫加入世界市场的。"资产阶级,由于开拓了世界市场,使一切国家的生产和消费都成为世界性的了。"[②]在这种历史条件下,资产阶级以绝对的压倒性优势成

---

① [英]霍布斯鲍姆:《资本的年代:1848—1875》,张晓华译,江苏人民出版社,1999 年,第 32 页。
② 《马克思恩格斯文集》(第二卷),人民出版社,2009 年,第 35 页。

为世界市场的霸主。马克思和恩格斯在《德意志意识形态》中充分肯定了资产阶级在世界历史形成初期起到的关键作用，同时敏锐地察觉到世界历史会在资本积累到一定程度后爆发全面的经济危机。

在资本主义生产方式中，资本起着决定性的作用。正是它在空间范围内的持续推进和扩张，促使世界历史进入由资本主义主导的历史阶段。在唯物史观视域中，全球化是资本在世界范围内全面铺展、世界市场不断扩大所必然出现的客观现实。在此，全球化有两种展开方式：一种是从地方市场向世界市场的转化，另一种是从商业资本主义向工业资本主义的转化。这两种转化伴随着 15 世纪新航线的开辟到 19 世纪资本主义大工业的充分发展而完成。整个全球化的进程既反映着世界市场的形成，也反映着资本运动的历史。因为"创造世界市场的趋势已经直接包含在资本的概念本身中"①。资本在它不断增殖的过程中不仅推动资本主义开辟了世界历史，更是促进了世界市场的形成和发展，成为隐藏在世界历史背后的秘密。

2.民族在交往的推动下促进了地域史向人类史的转变

马克思和恩格斯承认资产阶级在一定的历史时期对世界历史的形成起着积极作用。"各民族的原始封闭状态由于日益完善的生产方式、交往以及因交往而自然形成的不同民族之间的分工消灭得越是彻底，历史也就越是成为世界历史。"②正是通过世界贸易，各民族之间的地理界限变得逐渐模糊，各民族之间的平衡状态被不断打破，引导世界历史从地域史向人类史的方向发展。在此，随着生产力的极大发展，人类交往逐渐突破民族和地域限制，走向人类交往一体化的历史。这里的交往不仅包括经济交往，还包括社会交往、政治交往和精神交往等。这种资本积累的属性使得资本主义不断拓展世界市场，摧毁了交往的一切

---

① 《马克思恩格斯文集》(第八卷)，人民出版社，2009 年，第 88 页。

② 《马克思恩格斯文集》(第一卷)，人民出版社，2009 年，第 540~541 页。

地域限制。

与此同时,由于交往范围的扩大,在民族史不断走向人类史的过程中,资本主义的全球化发展使不同民族国家的经济关系出现同一化趋势,也使得整个社会的发展状态呈现同质化。资产阶级不仅向其他国家输出商品、货币和资本,而且还输出社会关系和价值体系,这是民族之间联系密切的必然结果,也是资本主义扩张造成的可怕后果。各民族的需要作为一种历史性的需要,在资本主义世界市场的统治下,被迫服从资本主义的评判标准。正如列宁所言:"资本主义如果不经常扩大其统治范围,如果不开发新的地方并把非资本主义的古老国家卷入世界经济的漩涡,它就不能存在与发展。"①换言之,这些资本主义国家打着扩大市场的旗号,利用资本的逐利本性,将一些非资本主义世界尤其是落后国家卷入了世界市场,在不平等的交往方式下,以殖民、战争、倾销、不均衡贸易等手段开辟了世界历史,造成了不均衡的地理发展空间。"它迫使一切民族——如果它们不想灭亡的话——采用资产阶级的生产方式;它迫使它们在自己那里推行所谓的文明,即变成资产者。"②

3.全球性危机频发为世界历史的发展创造新的可能性

随着资本积累和不平等贸易手段的不断增多,资本主义自身所蕴含的生产方式上的矛盾使得世界市场向外扩张的局限性日益凸显。这种世界市场面临的危机表现为资本主义发展的空间困境,而这一空间困境的难以破解为世界历史的发展创造了新的可能性。

资本主义以追求剩余价值为最终目的,这集中体现为劳动与资本之间的矛盾。马克思和恩格斯通过剩余价值理论已经揭示出,资本生产过程与资本流通过程的矛盾必然导致对资本主义生产方式的自我否定。因为从资本的生产过程

① 《列宁全集》(第3卷),人民出版社,1984年,第547页。
② 《马克思恩格斯文集》(第二卷),人民出版社,2009年,第35~36页。

来看,工资代表着劳动力成本,资本家必须压低工资,以提高利润;但从资本流通角度来看,工资代表着工人的需求(用货币满足的生活需要),资本家应当提高工资以增加有效需求。既然资本主义生产的目的是生产剩余价值,那么这一矛盾就是无法克服的。这一矛盾导致资本主义危机频发。这里的危机不仅仅以经济危机的形式展现出来,还包括政治危机、文化冲突等,与此同时还伴随着暴力、恐怖袭击、殖民掠夺、战争、贸易战等形式。因为资本的本性一方面是无限制地攫取最大利润,把任何劳动形式都以雇佣劳动的形式表现出来;另一方面是通过占有国际市场来传播自己的生产方式和交换方式。从一开始资本的原始积累到资本主义国家的殖民掠夺和经济侵略,这一切都是以侵占世界市场、实现资本扩张为目的。这里,资本主义生产方式下体现出来的劳动与资本之间的矛盾,成为资本主义主导的世界历史进一步扩张的障碍和全球性危机频发的原因所在。

既然世界历史发展到一定阶段,就必然会面临全球性危机。那么在遭遇全球性危机以后,世界历史该往何处去? 其实,世界历史的开辟,本质上是资本主义生产方式占统治地位的世界历史的形成,但这种世界历史并非超历史的和永恒的,而是内在包含着否定性因素,即在否定自身的同时孕育了生成新的世界历史形态的现实条件。因为资本主义生产方式占统治地位的世界历史,会给作为世界历史性事业的共产主义的发展提供可以利用的条件和机遇。但是"无论哪一个社会形态,在它所能容纳的全部生产力发挥出来以前,是决不会灭亡的;而新的更高的生产关系,在它的物质存在条件在旧社会的胎胞里成熟以前,是决不会出现的"[①]。因此,作为唯物史观视域中的世界历史,其自身会随着资本主义生产关系的瓦解而进入下一个阶段。即是说,资本支配的历史会随着历史的

---

① 《马克思恩格斯文集》(第二卷),人民出版社,2009年,第592页。

发展而终结,随之而来的将是一个以实现人的自由全面发展为根本目的的崭新历史。这一发展逻辑不仅符合人类社会发展的基本规律,也不断推动着世界历史进入新的阶段。

(三)"资本主义进入共产主义"的双重道路选择

马克思主义世界历史思想还涉及一个重要问题:在肯定资本主义开辟世界历史的伟大意义的基础上,进一步追问世界历史的道路选择问题。在马克思和恩格斯看来,世界历史的发展道路并非只有欧洲式现代化这一条路径,东方国家可以根据本国实际情况走出一条不经过资本主义道路的新的发展道路。

在马克思晚年,他开始在"资本主义开辟世界历史"的框架之外思考世界历史的"另一条道路"问题,科学预测了东方国家走自己的路的可能性。这一思考对我们后面考察世界历史的转向来说起着至关重要的作用。在马克思思想发展的不同时期,他总体上将世界历史划分为两个阶段:一个是在19世纪70年代以前,他坚定地支持走欧洲现代化路径,认为任何国家要想实现现代化,都必须经过资本主义发展道路才行,只有经由资本主义的充分发展才能过渡到共产主义阶段;另一个是在19世纪70年代以后,马克思将重点放在研究东方社会,具体考察了亚细亚生产方式、俄国农村公社等,提出东方落后国家可以不通过资本主义道路而直接进入共产主义社会,这就是著名的跨越"卡夫丁峡谷"论。循着马克思的文本,我们会发现,他在19世纪50年代以后开始关注印度、俄国、中国等东方国家,认为东方国家必须完成的历史任务有两个:"一个是破坏的使命,即消灭旧的亚洲式的社会;另一个是重建的使命,即在亚洲为西方式的社会奠定物质基础。"①当时,发达国家的这种殖民统治带来了落后国家生产力的发展和民族精神的激活,这些被迫加入世界历史的国家也在慢慢觉醒。在此,马克思的观点依然是,东方国家进入世界历史必然要经过资本主义的洗礼。但是他已经开始从不同于欧洲历史的角度去考察东方社会,并主动关注和分析东方国家的具体历史环境。

在 19 世纪 70 年代中期以后,马克思的思考方向发生了明确转变,提出了历史发展的多线性问题,即东方国家可否不遵循欧洲资本主义发展路径而结合自身国家的实际情况,通过利用世界市场、继承发达国家的先进文明成果,发展土地公有制等方式来跨越资本主义的"卡夫丁峡谷"。马克思提出的"跨越论"直接否定了很多历史学家所谓的历史目的论或者欧洲中心主义论,贯彻了唯物史观的基本方法,认为历史发展的道路可以是多样的。但这里的"跨越论"不是简单对欧洲中心主义的否定,而是在研究东方社会以后,马克思开始将眼光从欧洲转向世界。在《给〈祖国纪事〉杂志编辑部的信》中,马克思明确提出了自己的观点:"如果俄国继续走它在 1861 年所开始走的道路,那它将会失去当时历史所能提供给一个民族的最好的机会,而遭受资本主义制度所带来的一切灾难性的波折。"②马克思在对当时俄国的经济形势作了清晰的判断以后,得出俄国可以不走与西欧国家同样道路的结论,同时指出历史学家通常喜欢犯的错误就是将一般历史哲学看作永恒不变的真理,"但是,使用一般历史哲学理论这一把万能钥匙,那是永远达不到这种目的的,这种历史哲学理论的最大长处就在于它是超历史的"③。同样,恩格斯在《共产党宣言》俄文版序言中也曾表露过同样的看法,"那么试问:俄国公社,这一固然已经大遭破坏的原始土地公共占有形式,

---

① 《马克思恩格斯文集》(第二卷),人民出版社,2009 年,第 686 页。

② 《马克思恩格斯文集》(第三卷),人民出版社,2009 年,第 464 页。

③ 同上,第 467 页。

是能够直接过渡到高级的共产主义的公共占有形式呢？或者相反，它还必须先经历西方的历史发展所经历的那个瓦解过程呢？对于这个问题，目前唯一可能的答复是：假如俄国革命将成为西方无产阶级革命的信号而双方互相补充的话，那么现今的俄国土地公有制便能成为共产主义发展的起点"①。

在此，资本主义时代创造的巨大生产力是世界历史形成的必要条件，但资本主义主导的世界历史并非就是世界历史本身，世界历史在某一阶段的发展是与资本主义联系在一起的，但世界历史发展规律并非只有在资本主义模式下才能体现出来。其原因主要有以下两点：第一，世界历史的发展规律表明，传统的社会结构已经瓦解，我们再也回不到以前封闭自守的社会状态中，这是世界历史发展的必然规律；第二，资本主义并非所有民族走向世界历史的唯一道路，东方社会可以有其自身发展路径，这取决于具体的历史环境，比如阶级矛盾、民族矛盾以及社会革命的成熟状况等。俄国公社之所以存在跨越资本主义阶段的可能性就在于，它不是脱离世界而孤立存在的，它"和资本主义生产是同时代的东西，而且度过了这种社会制度没有被触动的时期"②。如果资本主义开创世界历史的目的是"按照自己的面貌为自己创造出一个世界"③的话，那么处于前资本主义阶段的落后国家，则是以被迫的、不自主的方式进入世界历史的洪流之中。这种进入的方式是被迫的，但发展方式可以是多样的，既可以是资本主义式的，也可以是社会主义式的。国内学者俞吾金的《社会形态理论与中国发展道路》、叶险明的《世界历史时代与"跨越"问题》、丰子义的《马克思"世界历史"思想辨析》、张奎良的《马克思的世界历史思想及其在当代的实践格局》、孙来斌的《经济文化落后国家现代化道路的历史之问与时代答案》等文章，都尝试从东方社

① 《马克思恩格斯文集》（第二卷），人民出版社，2009年，第8页。
② 《马克思恩格斯全集》（第19卷），人民出版社，1963年，第432页。
③ 《马克思恩格斯文集》（第二卷），人民出版社，2009年，第36页。

会的角度着手考察了马克思世界历史理论的思想转变及其东方国家选择自己道路的唯物史观依据。

（四）世界历史与全球化

全球化浪潮推动马克思主义世界历史思想的研究进入新阶段。进入 21 世纪以来，当今时代需要重新进行思考的是，世界历史在现实层面发生了哪些实质性变化，这些实质性变化是否影响着世界历史的当代转向。事实上，在全球化时代，世界历史已经发生了双重转向：一方面是从欧洲中心主义历史转向全球化的世界历史，另一方面是从资本主义世界历史转向资本主义与社会主义共存的世界历史。

1.分析世界历史从欧洲中心主义转向全球化视域

要想追问世界历史的转向问题，首先要强调的一个重要条件就是世界进入全球化时代。全球化与世界历史的区别在于，全球化描述的是一种社会现象，世界历史描述的是一种历史发展规律。但就世界历史与全球化的关系来说，全球化是世界历史发展的客观结果。正如阿尔君·阿帕杜莱斯所言，全球化可以简单归结为五种维度，分别是全球流动的人种图景、跨国性的科技图景、超越民族与文化差异的媒体图景、无国界的货币流动图景和全球性的意识形态接受图景。很明显，这五种图景在当今时代同时呈现在人们面前，不断改变着人们的生活方式和世界的构成方式，成为世界历史发展进程中的一个崭新景象。梁树发也在《世界历史、全球化的社会形态意义——兼论世界社会形态概念的合理性》中提出，全球化作为一个客观性的历史事实，意味着它是"作为以经济发展和物质交往为先导并包含政治、文化等因素在内的人类普遍交往的发展，是十分晚近的事,亦即是人类的当代生活现象,是世界历史的当前阶段"①。

国内学者对全球化与世界历史关系的解读有两种比较权威的看法:一种是狭义上认为经济全球化就是资本主义化,非资本主义国家被迫进入全球化进程;另一种观点是广义上认为全球化不等于资本主义化,它是一种包含资本主义和社会主义等发展模式在内的社会现象,是全球大变革的结果。在此,两种解读方式皆有其合理之处。这里的重点是,我们需要重新思考马克思主义世界历史思想能够为全球化提供何种战略性指导,而不是仅仅局限于全球化本身对整个世界来说意味着什么。因为全球化是世界历史发展的必然结果,只有站在世界历史的高度,我们才能够在经济全球化时代确定不同民族国家的历史方位和人类共同面临的时代课题。从世界历史反观全球化这种历史现象,我们才能够自觉地从人类社会发展的整体进程中认识到全球化过程中出现的问题,才能够更深刻地体会全球化所折射出来的社会现实是由世界历史自身的发展规律所决定的。

2.分析资本主义世界历史转向资本主义与社会主义共存的世界历史

社会主义与资本主义的并存是全球化在 20 世纪的基本主题之一。国内学者普遍认为,20 世纪的世界历史是西方资本主义与东方社会主义对峙下的不平等的、分裂化的世界历史。

列宁对马克思主义世界历史思想的发展主要体现在,他科学论证并回答了马克思和恩格斯提出的"俄国农民村社是否会走上资本主义道路"和"俄国无产阶级革命与西方无产阶级革命的关系"这两个问题。斯大林在战争与革命的时代主题下,根据列宁的帝国主义论和无产阶级革命理论,进一步提出"一国建成社会主义"论。与马克思和恩格斯相比,列宁、斯大林对马克思主义世界历史思

---

① 梁树发:《世界历史、全球化的社会形态意义——兼论世界社会形态概念的合理性》,《哲学研究》,2005 年第 12 期。

想的新阐发,基本上客观地反映出了世界历史的现实发展状况。比如,他们认为20世纪以来世界历史的载体主要是革命与战争,这对于打破西方资本主义和殖民主义统治的单极世界格局,在落后国家开展民族解放运动,通过俄国十月革命的感召力而建立社会主义制度来说具有重要意义。但这种世界历史观也有着不可避免的时代局限性与理论片面性,特别是对以后长达半个多世纪的社会主义现代化建设带来了消极影响。斯大林过分强调了国际范围内的世界政治与军事对抗在无产阶级革命中的作用,只是片面看到了世界资本主义国家对落后民族国家的侵略、世界资本主义体系对落后国家的控制,却忽视了资本主义国家对社会主义现代化发展的推动作用。这种对外政策在一定程度上导致了以苏联为首的社会主义阵营对外实行长期的敌对政策,进而逐步削弱了社会主义国家在经济、政治和文化上的发展活力。从这个意义上说,苏联模式因违背世界历史的发展潮流而被迫走向失败,是一种以分裂对抗为特点的僵化模式的失败。当然,这一模式也在20世纪的革命年代证实了世界历史发展道路的多样性。

在此,我们讨论的核心问题依然是资本主义与社会主义的关系问题。针对马克思主义世界历史思想,德里克将其分为三个阶段:第一个阶段是从19世纪初到19世纪晚期,马克思和恩格斯首先把世界历史理解为资本主义化的世界历史;第二个阶段是从19世纪晚期到二战,这时的现实状况是资本主义已经变成全球性的,但并不意味着全球的同质性与一体化,而是产生了新的分裂与分化,即造成了发达与不发达两个世界,尤其是随着1917年第一个社会主义国家的产生,更使得原来的两个世界分裂为三个世界;第三个阶段是从20世纪70年代开始到21世纪初,这时的世界历史虽然仍然保留"中心-外围"的形式和"发达-不发达"的状况,但是却证实了马克思在19世纪中期的预言即资本主义已经普遍化,其基础不仅是商品交换和金融交易的全球化,更重要的是通过一种新的国际劳动分工而实现了生产的跨国化。①这里,在资本主义与社会主义力量的此消彼长中,世界历史进入了一个新的资本全球化时代。即使资本主义国家在世界历史的进程中依然处于主导地位,苏联在社会主义现代化建设中遭遇了失败并最终解体,但不可否认的是,世界历史已经出现了以苏联和中国为代表的社会主义国家。而资本主义与社会主义并存的世界历史将始终对发达国家形成制约,也为世界历史的新发展带来各种可能性。

21世纪世界历史发展的一个显著特征是资本主义经济发展前途不明,社会主义国家尤其是中国显现出后发之势,这也掀起了马克思主义世界历史思想研究的新热潮。

这里,国内学者的研究重点已经不仅是继续讨论世界历史与资本主义、全球化和社会主义的问题,更是在金融危机的全球化背景下,从中国特色社会主义的视角看待世界历史的发展方向和趋势问题。学者们围绕中国在世界历史中发挥的作用,形成了以下三种观点:一是认为中国在世界历史背景下证实了社会主义国家存在的合理性问题。面对国外势力的干涉和本国环境的不稳定,围绕着"如何巩固社会主义制度",毛泽东审时度势地将世界历史划分为"三个世界",进一步捍卫了社会主义国家存在的合理性问题。"三个世界"的理论与其说是对世界历史发展趋势的科学把握,不如说它是世界历史发展的中国化解答。二是把具有世界历史意义的东西吸收并转化为具有中国特色的东西。在全球化背景下,围绕着"什么是社会主义,怎么建设社会主义"这一问题,邓小平展开了对中国特色社会主义与世界历史关系的进一步追问,在总结世界历史经验的基础上,他准确把握住了时代的主题,"现在世界上真正大的问题,带全球性的战略问题,一个是和平问题,一个是经济问题或者说发展问题。和平问题是东西问

---

① 参见俞可平、黄卫平主编:《全球化的悖论》,中央编译出版社,1998年,第263页。

题,发展问题是南北问题。概括起来,就是东西南北四个字"①。在和平与发展的时代主题下,邓小平一方面提出开放是全球化的重要特征,另一方面又将市场看作配置资源的重要手段,确立了以社会主义市场经济为取向的改革目标。三是中国特色社会主义为人类文明形态提供新的发展模式。中国特色社会主义道路的选择是世界历史深入发展的结果,世界历史的深入发展又彰显了中国特色社会主义道路的独特优势。就其与马克思主义的关系而言,中国特色社会主义为马克思主义的当代发展提供了新的机遇,并在此过程中创造了马克思主义的中国形态;就其与社会主义的关系而言,中国特色社会主义不仅拯救了社会主义,还使世界社会主义运动得以延续和发展,创造和丰富了有别于资本主义的新模式;就其与全球治理的关系而言,中国特色社会主义不仅推动了世界一体化和经济全球化,使历史成为真正的世界历史,还为全球治理体系提供了新的解决方案;就其与人类社会的关系而言,中国特色社会主义不仅成功创造了一种新的文明形态,为世界历史进入共产主义阶段提供了全新选择,还使人类文明的发展前景更加广阔。

进入新时代,习近平总书记在纪念马克思诞辰 200 周年大会上的讲话中首次从世界历史的高度提出构建人类命运共同体的深远意义,回答了世界历史该往何处去和中国能为新的世界秩序做些什么。"我们要站在世界历史的高度审视当今世界发展趋势和面临的重大问题,坚持和平发展道路,坚持独立自主的和平外交政策,坚持互利共赢的开放战略,不断拓展同世界各国的合作,积极参与全球治理,在更多领域、更高层面上实现合作共赢、共同发展,不依附别人、更不掠夺别人,同各国人民一道努力构建人类命运共同体,把世界建设得更加美好。"②

---

① 《邓小平文选》(第三卷),人民出版社,1993 年,第 105 页。

② 习近平:《在纪念马克思诞辰 200 周年大会上的讲话》,《人民日报》,2018 年 5 月 5 日。

二、推动世界历史的真正主体

马克思和恩格斯在《德意志意识形态》中提道："每一个单个人的解放的程度是与历史完全转变为世界历史的程度一致的。"①如果想把这个一致性问题讲清楚，我们就不应该仅仅将问题的核心放在"历史完全转变为世界历史的程度"上，还应该将问题的核心放在"每一个单个人的解放的程度"，特别是要讲清楚推动世界历史的真正主体。而要想把马克思主义世界历史思想中的主体问题讲清楚，我们不仅要讲清楚从现实的个人到"世界历史性个人"的转变，还要讲清楚"世界历史性个人"与联合起来的个人对主体问题的不同阐释路径，更要依据列宁领导的十月革命所开辟的人类历史新纪元和 21 世纪百年未有之大变局讲清楚承担世界历史使命的无产阶级②的实践价值。在人类共命运的时代，重新审视马克思主义世界历史思想中的主体问题具有重要的理论价值和现实意义。

（一）世界历史理论中的主体生成的科学依据

在马克思主义世界历史思想中，主体生成的历史前提是由历史唯物主义确立的现实的个人及其历史行动。随着历史转向世界历史，现实的个人在此过程中通过运用自己的历史行动，就在发生向"世界历史性个人"转化的现实趋向。从现实的个人转向"世界历史性个人"符合世界历史发展的必然趋势。

---

① 《马克思恩格斯文集》（第一卷），人民出版社，2009 年，第 541 页。
② 在《德意志意识形态》中，"世界历史性个人"与"无产阶级"概念在使用上是混用的，但在《德意志意识形态》以后，"世界历史性个人"实际上是"隐匿"而非"消失"。马克思和恩格斯在随后的文本中明确使用无产阶级作为世界历史的主体。

1.世界历史中的主体的原型是现实的个人

马克思和恩格斯在《德意志意识形态》中给出历史唯物主义的一般规定"不是意识决定生活,而是生活决定意识"①时,首先要做的事情是对经验事实进行前提批判,其中一个重要的问题是论证历史活动的主体是现实的个人而非抽象的个人。在马克思和恩格斯看来,费尔巴哈、鲍威尔和施蒂纳所代表的现代德国哲学试图从观念或意识出发来建构现实的关系,并没有进一步将批判指向人所面对的物质环境,只是抓住了现实的影子;他们也没有进一步把人具体化为现实生活中的、有生命的个人,只是停留于抽象的个人。在马克思和恩格斯那里,他们对历史唯物主义的一般规定从根本上来说是在强调物质现实的历史与现实的个人之间的相互作用。如果说现实的历史是现实的个人的活动及其物质生活条件,那么现实的个人便可理解为不断改变现存事物的社会存在。现实的历史与现实的个人的相互作用规定了世界历史理论中的主体问题的基本特质。

2.世界历史中的主体的现实根基是现实的人及其历史行动

历史唯物主义本质上是"关于现实的人及其历史发展的科学"②。马克思和恩格斯理解的现实的个人不仅是一种物质意义上、生命意义上的规定,还是一种具有自主性的社会存在。恩格斯后来更加明确地指出,这种具有自主性的人应当被视为在历史中行动的人。"要从费尔巴哈的抽象的人转到现实的、活生生的人,就必须把这些人作为在历史中行动的人去考察。"③从这一历史前提出发,马克思在《资本论》中将现实的个人与现实的历史的相互作用具体化为一种最简单的人与物的经济关系,即"经济学研究的不是物,而是人和人之间的关系,归根到底是阶级和阶级之间的关系;可是这些关系总是同物结合着,并且作为

---

① 《马克思恩格斯文集》(第一卷),人民出版社,2009年,第525页。

② 《马克思恩格斯文集》(第四卷),人民出版社,2009年,第295页。

③ 同上,第294页。

物出现"①。从历史唯物主义的本质来看,现实的个人进行的历史行动就是在与不同的社会关系打交道。马克思和恩格斯进一步从经验事实出发,将资本主义生产方式作为历史唯物主义阐释的核心范畴,以资本与劳动的关系为中轴,以世界市场为线索,揭露了资本主义大工业造就的是被资本裹挟的劳动者,是在物与物的关系下隐藏的人与人的不平等关系。

3.从现实的个人到"世界历史性个人"的转变符合世界历史发展的必然趋势

按照马克思主义世界历史思想中个人发展次序的三阶段而言,现实的个人是原初阶段,"世界历史性个人"是过渡阶段,全面发展的个人是完成阶段。从现实的个人到"世界历史性个人"的主体发展,不是什么自我意识或普遍观念的产物,而是基于生产力发展和交往普遍化的世界历史发展所带来的经验事实。

资产阶级的全球经济活动开启了世界历史,这一经济活动将分散的各个民族整合在一起,使狭隘的民族历史走向普遍联合的世界历史,使现实的个人走向"世界历史性个人"。从继承的角度来看,从现实的个人到"世界历史性个人"是主体继承以往世界历史发展成果的必然结果。随着历史向世界历史的转变,现实的个人在实际的生活中通过历史行动将一定的经验事实固化为一定的生产力、环境和社会交往形式。"历史同时也是发展着的、由每一个新的一代承受下来的生产力的历史,从而也是个人本身力量发展的历史。"②只有现实的个人主动改变世界,那些所谓的劳动、私有财产和生产力才有可能真正成为"为我之物","世界历史性个人"才能在"物的依赖"阶段向"人的自由全面发展"阶段转变过程中逐步成为具有独立性的个人。从发展的角度来看,"世界历史性个人"是世界市场的产物。作为一种社会性存在,现实的个人经由历史行动,在世界市场的开辟与发展过程中转化为"世界历史性个人"。同时,近代工业文明和资本关系的发展

---

① 《马克思恩格斯文集》(第二卷),人民出版社,2009 年,第 604 页。
② 《马克思恩格斯文集》(第一卷),人民出版社,2009 年,第 576 页。

激发了"世界历史性个人"克服其异化的存在形式和资本文明弊病的革命意识。

总的来说,世界历史理论中的主体问题生成的现实基础是现实的个人及其历史行动,从现实的个人到"世界历史性个人"是世界历史发展的必然结果。世界历史理论中的主体问题生成的历史唯物主义根基为无产阶级的出场提供了理论依据。

(二)世界历史发展视野中的主体规定及无产阶级的出场

在《德意志意识形态》以后,马克思和恩格斯在提及世界历史主体的时候,不再使用"世界历史性个人",而是普遍采用无产阶级这个说法。马克思和恩格斯在《德意志意识形态》的历史唯物主义语境中强调的"世界历史性个人",在《资本论》的政治经济学语境中被表达为"联合起来的个人"。无产阶级是"世界历史性个人"与"联合起来的个人"的统一体,它以破解全球化时代资本逻辑主导的主体困境为己任,为完成世界历史使命和实现人的解放提供了现实支撑与实践力量。

1."世界历史性个人"与"联合起来的个人"对主体问题的两种阐释路径

"世界历史性个人"和"联合起来的个人"分别从超越地域束缚的国际联合与占有生产资料的社会联合的角度,阐明了世界历史理论中的主体问题的本质规定,并在不同阐释路径中得出了相同的答案,即承担世界历史使命的真正主体是无产阶级。

如前所述,"世界历史性个人"是世界市场的必然产物。"各个个人必须通过'世界市场'来显示其'世界历史性存在'。"①在此,现实的个人超越地域限制,融入世界历史进程是生产力与生产关系矛盾运动的结果,进一步凸显了世界历史

---

① 叶险明:《"世界历史性个人"与"人的自由而全面的发展"》,《马克思主义研究》,2011 年第 12 期。

主体的国际联合特征。究其本质而言,这里表现出来的国际联合具有非对等性。历史向世界历史的转变确定了资本主义生产方式的绝对统治地位,由此形成的各个民族、各个国家之间的联合只是一种虚假共同体。资产阶级企图按照自己的面貌创造一个新世界,其将各地域和各民族的生产生活联系在一起的目的是满足资本积累和增殖的本性。就此而言,这种国际联合是经由世界市场的空间开辟而将"世界历史性个人"联合起来的"虚假共同体",由资本主义主导的世界历史的自我否定就蕴藏在世界历史主体对"虚假共同体"的否定之中。

就联合起来的个人而言,世界历史主体联合的条件是在消灭现存状况的基础上胜任重建社会的任务。这里的现存状况主要指的是从根本上窒息了人的自由个性发展的生产资料私有制。"私有制和分工的消灭同时也是个人在现代生产力和世界交往所建立的基础上的联合。"①世界历史在形成奴役主体的异化力量的同时,又通过社会联合的形式内在地生成了实现其最终目标的真正的主体力量。随着生产力和交往关系的发展,现实的个人的全面的依存关系将会发展起来,这些联合起来的个人即"人类的大多数",一方面通过增加自身的自觉性来产生彻底革命的意识,另一方面通过增加自身的自主性来共同占有、控制和利用社会生产力。

无论是"世界历史性个人"的国际联合,还是"联合起来的个人"的社会联合,都规定了世界历史理论中的主体问题的本质特征,为无产阶级的出场作了理论上的注脚。正如马克思和恩格斯所指出的那样,一方面,无产阶级"在它应当为整个社会完成的具有世界历史意义的伟大任务中有计划地进行国际合作"②;另一方面,无产阶级是被"以最普遍的形式成为世界历史性的力量"③的私有财产所

---

① 《马克思恩格斯全集》(第3卷),人民出版社,1960年,第516页。
② 《马克思恩格斯全集》(第21卷),人民出版社,2003年,第458页。
③ 《马克思恩格斯全集》(第3卷),人民出版社,2002年,第293页。

否定,并通过消灭私有制进而可以重新占有劳动的那部分人。

2.无产阶级是"世界历史性个人"和"联合起来的个人"的统一体

"世界历史性个人"和"联合起来的个人"统一于无产阶级,无产阶级为破解全球化时代资本逻辑主导的主体困境提供了现实出路,即在与资本权力的对抗中,将现实的关系转化为革命的条件。

在由资本主义生产方式开辟并推进世界历史的进程中,世界历史呈现为与人类历史相异的、扭曲的世界景象。马克思在《资本论》中揭示了一个基本事实:资本已经成为资本主义生产方式下的真正主体,"资本家只有作为人格化的资本,他才有历史的价值"①。在资本主义私有制下,现实的人与人的关系由资本支配的物与物的关系表现出来。对资本来说,随着生产力和交往关系的发展,它的寄生性将会使其不得不在调节生产的时候得到彻底暴露,而这个时候,真正的世界历史主体将会重新将这些自由发展的条件置于自身的控制之下。就此而言,资本的界限就是其自身,摆脱资本逻辑主导的主体困境的根本出路是让自身成为无产阶级能够重新驾驭的社会力量,是让无产阶级能够在重新占有物质资料的基础上恢复劳动者的主体地位。从资本与劳动的关系而言,资本统治的终结意味着无产阶级劳动地位的重新确立。"整个所谓世界历史不外是人通过人的劳动而诞生的过程"②,所以在《资本论》中,马克思将世界历史主体的革命性更加明确地表达为打破资本创造的一切权力束缚,重新占有生产资料。

综上所述,无产阶级在世界历史发展进程中起着关键作用。世界历史主体要自觉地展开与现实的个人相对立的异己力量(特别是资本)的斗争,自觉地使以往创造的生产力和交往关系不再受盲目力量的支配,从而使其实践价值在20世纪的无产阶级革命和21世纪的世界历史阶段性转变中更好地显现出来。

---

① 《马克思恩格斯文集》(第五卷),人民出版社,2009年,第683页。

② 《马克思恩格斯文集》(第一卷),人民出版社,2009年,第196页。

（三）无产阶级在推进世界历史阶段性转变中的主体实践

正如恩格斯所言："一切依次更替的历史状态都只是人类社会由低级到高级的无穷发展进程中的暂时阶段。"①以往的世界历史是由资本主义生产方式开辟并主导的,这种生产方式具有暂时性。要想打破旧有的生产方式和开辟世界历史的新阶段,无产阶级的实践价值不言而喻。即是说,无产阶级在遵循世界历史的必然性规律的基础上"发挥作为社会主义社会创造者的世界历史作用",顺应社会发展趋势以推动人类社会合乎规律地向前发展,在 21 世纪积极推动构建人类命运共同体,为最终建立自由人联合体的共产主义社会而不懈努力。

1.无产阶级的主体实践是在世界历史视野中"发现那些作为支配规律在人类社会的历史上起作用的一般运动规律"

对于无产阶级的主体实践而言,首要的任务在于把握规律。把握历史规律方能掌握历史主动。在马克思和恩格斯看来,支配世界历史的规律从来都是在世界历史的现实展开中表现出的必然性。就无产阶级的历史使命而言,是"发现那些作为支配规律在人类社会的历史上起作用的一般运动规律"②。这里,隐藏在"一般运动规律"之下的"支配规律"是一种经济上的必然性,这成为无产阶级利用这种必然性反抗资本控制和推翻资本主义制度的理论依据。

资本主义生产方式占主导的世界历史阶段的具体表现形态为资本全球化。资本全球化使得资本主义危机在全球范围内普遍化和彻底化,其历史效果主要在周期性的经济危机中显示出来。究其本质而言,世界历史受到盲目的规律支配。"这个时代在世界历史上留下的标志,就是被称为工商业危机的社会瘟疫日

---

① 《马克思恩格斯文集》(第四卷),人民出版社,2009 年,第 270 页。
② 同上,第 301 页。

益频繁地重复发生,规模日益扩大,后果日益带有致命性。"①从积极意义来看,资本全球化趋势是革命主体即"全世界无产者"获得"联合起来"的客观条件。当面对全球化的历史性命题时,无产阶级的历史使命"已经在它自己的生活状况和现代资产阶级社会的整个组织中明显地、无可更改地预示出来了"②。

因此,就一般规律而言,世界历史的外在形式看似是偶然性在起作用,其实质却是隐藏在其背后的"这些必然性规律"。"如果'偶然性'不起任何作用的话,那么世界历史就会带有非常神秘的性质。这些偶然性本身自然纳入总的发展过程中,并且为其他偶然性所补偿。"③在恩格斯看来,"这些必然性"归根到底是一种经济必然性。这种经济上的必然性的理论根基是建立在雇佣劳动创造交换价值基础上的剩余价值论。"马克思从来不把他的共产主义要求建立在这样的基础上,而是建立在资本主义生产方式的必然的、我们眼见一天甚于一天的崩溃上;他只说了剩余价值由无酬劳动构成这个简单的事实。"④

这种由经济必然性规律所规定的世界历史的总的发展趋势在 20 世纪发生了重大变化。列宁领导的十月革命的胜利开辟了世界历史的新纪元,即开启了资本主义世界历史与社会主义世界历史共存的新阶段。世界历史在总的发展趋势中表现出的"经济必然性"规律是否与个别发展阶段在发展次序上的特殊性相矛盾,成为摆在列宁面前的一个重大理论与现实问题。列宁从马克思和恩格斯的唯物辩证法出发,从一般事物发展规律的特殊性与普遍性出发,进一步揭示了世界历史向更深一层发展过程中必然会遇到发展形态不一致的情形,"世界历史发展的一般规律,不仅丝毫不排斥个别发展阶段在发展的形式或顺序上

---

①　《马克思恩格斯文集》(第三卷),人民出版社,2009 年,第 10 页。

②　《马克思恩格斯文集》(第一卷),人民出版社,2009 年,第 262 页。

③　《马克思恩格斯文集》(第十卷),人民出版社,2009 年,第 354 页。

④　《马克思恩格斯文集》(第四卷),人民出版社,2009 年,第 203~204 页。

表现出特殊性,反而是以此为前提的。……这些特殊性当然符合世界发展的总的路线,但却使俄国革命有别于以前西欧各国的革命,而且这些特殊性到了东方国家又会产生某些局部的新东西"①。这个在东方国家产生的"新东西"在后来被毛泽东概述为"各国内部和中国内部自己的规律性"。他还高度评价了十月革命的世界历史意义:"十月社会主义革命不只是开创了俄国历史的新纪元,而且开创了世界历史的新纪元,影响到世界各国内部的变化,同样地而且还特别深刻地影响到中国内部的变化,但是这种变化是通过了各国内部和中国内部自己的规律性而起的。"②世界历史发展规律的普遍性与特殊性关系,恰恰反映了世界历史发展的阶段性特征和革命主体的能动作用,特别是强调了无产阶级如何在现实的社会主义革命中实际地改变世界历史进程。

2.无产阶级的主体实践是在人类历史新纪元中"发挥作为社会主义社会③创造者的世界历史作用"

在列宁领导的十月革命创造世界历史的新纪元后,社会主义国家的人民群众创造了新的世界历史阶段,世界历史也呈现出一些新的阶段性变化。对于无产阶级的主体实践而言,问题的关键不仅是揭示这些规律并把握这些必然性中正在实现的趋势,还应该去掉盲目性,自觉地成为联合起来的生产者,成为社会化的人类。要想做到这一点,主体实践就必须具有联合性和主动性的特点,这是在世界社会主义运动中最为重要的两个要素。

一是无产阶级的主体实践具有联合性。无产阶级联合不是单个人的活动,而是整体的各个人的共同行动。即是说,世界历史中的主体不是说不重视利益,而是说这种利益不是利己的、分散的、单个人的利益。如果作为社会性存在的人

---

① 《列宁选集》(第四卷),人民出版社,1995 年,第 776 页。

② 《毛泽东选集》(第一卷),人民出版社,1991 年,第 303 页。

③ 这里,社会主义社会与共产主义社会没有作具体区分。

还处于一种分散的、对立的、孤立的个人状态,那就不能摆脱那些异己的外在性力量,就不能产生一种共同的社会力量。比如,就人们改造外部世界所创造的巨大生产力而言,如果它依然以"资本的生产力"的形式展现在人们面前,那它依然是一种"不堪忍受"的力量。在这种情况下,单个人的彻底解放是从旧的私有制的社会生产关系中解放出来,通过"个人在现代生产力和世界交往所建立的基础上的联合"的形式摆脱主体对"物的依赖性"。无产阶级进行革命的结果不是消灭阶级本身,而是消灭阶级生存的条件。因此,这种联合是建立在"各个时代的生产力和交往形式"的生存条件基础上的必然的联合。这种联合起来的个人不是一种主体的主观随意,而是主体在把握必然性规律的基础上作出的理性选择。

二是无产阶级的主体实践具有主动性。历史的动力从来不是批判,而是革命。这种革命性体现在无产阶级身上就是有没有具备自觉的革命意识,有没有自觉地同传统的观念决裂,有没有主动地改变现存事物。列宁曾经提道:"马克思学说中的主要的一点,就是阐明了无产阶级作为社会主义社会创造者的世界历史作用。"[①]无产阶级的世界历史作用就体现在其是否掌握了历史主动性。即是说,无产阶级不再把自己的存在归结于盲目的命运,不再享受偶然性,而是通过有计划的行动克服偶然性,获得主动性。后来毛泽东也提道:"自从中国人学会了马克思列宁主义以后,中国人在精神上就由被动转入主动。"[②]无产阶级在现实的社会主义实践中创造自为的世界历史,是推动世界历史由自在走向自为阶段的重要步骤。

3.无产阶级的主体实践是在 21 世纪新全球化叙事中推动构建人类命运共同体

对无产阶级的主体实践而言,世界历史主体只有在"与世界历史直接相联

---

① 《列宁选集》(第二卷),人民出版社,1995 年,第 305 页。

② 《毛泽东选集》(第四卷),人民出版社,1991 年,第 1516 页。

系的各个人的存在"中才能获得其存在意义,只有在打破旧的全球化秩序和建立新的全球化秩序中才能彰显其历史意义。在资本主义生产方式占主导的世界历史阶段,世界历史的主体作用被资本主体所遮蔽,其实践价值尚未被突显出来。如何超越人的片面存在状态,实现主体的自觉和自为,最终走向人类解放,是无产阶级的主体实践在构建人类命运共同体中得以发挥重大影响的关键所在。

首先,就人类命运共同体与无产阶级的关系而言,中国共产党倡导的人类命运共同体理念是对无产阶级国际主义思想的守正创新。人类命运共同体理念的提出并不是对无产阶级革命思想的否定,因为其本质"绝不是谋求以'阶级的平等'为核心的改良化的资产阶级共同体,而是实现以'消灭阶级'为目标的革命性的无产阶级共同体"①。在百年未有之大变局的时代,人类命运共同体理念发扬了无产阶级国际主义精神,重新思考了资本主义与社会主义的相处方式,强调超越意识形态分歧和社会制度对抗,充分尊重各国人民自主选择发展方式的权利,以类主体的思维方式重构全球治理体系,以共同价值来守护人类的共同家园。

其次,人类命运共同体在全球化秩序重塑中将无产阶级实践拓展为人类主体实践。百年未有之大变局时代的全球秩序调整和世界格局的新变化,是资本主义全球化发展的最新表现形式,其本质依然没有脱离由资本主义生产方式和资本增殖的本性所决定的"终结"困境。资本主义主导的全球化境遇中的人类命运共同体构建问题,其关键是回应社会主义如何以人类主体论应对和超越资本主体论和国家主体论。人类命运共同体理念的提出,蕴含着从资本主体论、国家主体论到人类主体论的价值旨归。这具体表现在以下三点:一是以新的"人类主

---

① 亓光、许佳:《论马克思的共同体思想与阶级斗争理论的内在关系》,《中国矿业大学学报》(社会科学版),2019 年第 1 期。

体"理念来引领经济全球化、全球治理体系的转向,超越了以"资本主体"绝对权力为中心的认知;二是以共同价值引领全球治理,摈弃了"中心-外围"二元结构的世界体系;三是以共商共建共享理念引领全球化方向,克服了"国强必霸"的西方全球化的历史逻辑,实现了全球化主体重构的价值观变革。

最后,构建人类命运共同体是实现人的历史自觉性和历史主动性内在统一的必由之路。就构建人类命运共同体的理念和行动这两方面来说,第一,人类命运共同体理念揭示了世界历史主体在不同社会形态和发展阶段下的关乎人类解放的阶段性特点和目标;第二,人类命运共同体行动能够激发人的主动性和自觉性,在世界历史实践中创造"为这种联合创造各种物质条件,把现存的条件变成联合的条件"①,佐证马克思和恩格斯的"两个必然"命题,在经济共生性关系的基础上对人类命运作出一种前瞻性规划。更重要的是,它以人类主体逻辑超越世界市场的资本逻辑,引导人类主动地推动世界历史进一步发展,最终为实现"每一个单个人的解放的程度是与历史完全转变为世界历史的程度一致的"根本价值追求而不懈探索。

(四)结语

只有到了世界历史的完成阶段,社会形态更替与人的实践自觉、历史必然性和历史主动性才会得到统一。"自主活动才同物质生活一致起来,而这又是同各个人向完全的个人的发展以及一切自发性的消除相适应的。"②在消灭了阶级存在条件的前提下,无产阶级才算在世界历史意义上完成了自己的使命,并建立了真正的联合体形式,即"代替那存在着阶级和阶级对立的资产阶级旧社会

---

① 《马克思恩格斯文集》(第一卷),人民出版社,2009 年,第 574 页。
② 同上,第 582 页。

的,将是这样一个联合体,在那里,每个人的自由发展是一切人的自由发展的条件"①。从这个意义上来说,创造世界历史主体得以联合的条件、凸显世界历史主体的历史主动性成为实现世界历史阶段性转变的一项重大时代任务。在当下,我们所要做的,就是"立足现实,把握好每个阶段的历史大势,做好当下的事情"②。

三、世界历史向何处去?

在 21 世纪世界历史发展的重要当口, 如何看待世界历史的走向成为认识和考察马克思主义世界历史思想的一个重要维度。国外学者在对待这一问题时,往往陷入两种困境:一是由于立场问题,很多学者在思考世界历史往何处去时往往容易走向悲观主义,拒绝回答资本主义的危机将由社会主义革命(这样的革命将终结资本的支配)来塑造,而是坚持资本主义还能继续苟延残喘,因此开启通往社会衰落的道路。毫无疑问,这种观点没有与马克思所强调的世界历史的最终使命是通过无产阶级的联合走向共产主义联系起来。二是西方部分左翼学者坚持一种激进论,即尝试通过复兴共产主义理念为混乱的世界带来一丝希望。他们存在的问题往往是误解了社会主义的本质,尤其是没有正确看待社会主义阶段世界历史的现实作用。因此,只有从一种整体性的视野,运用马克思主义的唯物史观看待当今世界历史的新发展,马克思主义世界历史思想的当代价值才能够得到彰显,这一思想才能为世界历史该往何处去这一关键之问提供重要参考。

---

① 《马克思恩格斯文集》(第二卷),人民出版社,2009 年,第 53 页。
② 习近平:《在党史学习教育动员大会上的讲话》,人民出版社,2021 年,第 13 页。

（一）问题导向：弄清楚从哪里来，才能知道到哪里去

马克思主义世界历史思想打破了黑格尔为世界历史设下的"牢笼"，将其从绝对精神的逻辑推演中脱离出来，置身于现实的物质生活。这一现实化展开规定了马克思主义世界历史思想的唯物主义特征，即"人们的观念、观点和概念，一句话，人们的意识，随着人们的生活条件、人们的社会关系、人们的社会存在的改变而改变"①。总结而言，马克思主义世界历史思想的研究可归纳为两大核心问题：一是世界历史从哪里来，其中资本逻辑和交往逻辑构成资本主义开辟世界历史的前提条件；二是世界历史到哪里去，这不仅要考虑世界历史的未来形态——共产主义，还要考虑实现共产主义的主体力量——无产阶级。

1.世界历史从哪里来

物质生产与交往方式的扩大成为开辟世界历史的必要条件。从资本主义的现实状况出发，世界历史的发展由先前的原始积累、殖民掠夺和战争等形式，逐渐转变为一种以世界市场为载体、以资本扩张为目的，并随着交往范围的扩大化与交往情形的复杂化而呈现出发展的不平衡与不充分的特点。

首先，世界历史与资本逻辑的形成具有同期性。资本主义生产方式的确立需要具备两个条件：一是无产者的生成，他们是拥有人身自由但却失去生产资料的人；二是货币资本的积累，这为组织资本主义大生产提供必要的物质准备。大约在 16 世纪至 18 世纪，新兴资产阶级和贵族通过殖民掠夺和奴隶贸易等形式，实现了生产者同生产资料的分离、货币资本的积累，推动了机器化大工业时代的来临。如果说资本的原始积累对资本主义开辟世界历史起准备作用的话，

① 《马克思恩格斯文集》（第二卷），人民出版社，2009 年，第 50~51 页。

那么社会化大生产对资本主义开辟世界历史则起着决定性作用。在此,社会化大生产主要发挥两个功能:一是社会化大生产的本质是一种商品生产。既然是商品生产,它的内在属性就是获得利润,这就要求不断扩大市场,将生产和交往的范围扩展到全世界。二是资本主义依靠世界市场开辟世界历史。它的动力源于资本的本性,即无限制地攫取最大利润。具体而言:一方面,资本消灭了旧的生产关系,建立新的生产关系,促进了资本的自由流动和积累;另一方面,资本要求不断开辟世界市场,以此提供更多的劳动力,加剧自由竞争。在此,人类社会从地域历史向世界历史转变,不但要以生产力、生产方式的高度发展作为前提,同时也是国际分工、世界市场形成和国际交往发展的必然产物,这一历史过程与资本逻辑的形成具有同期性。

其次,交往逻辑的发展史同时是世界历史的形成史。马克思在《不列颠在印度的统治》中指出:"资产阶级历史时期负有为新世界创造物质基础的使命:一方面要造成以全人类互相依赖为基础的普遍交往,以及进行这种交往的工具;另一方面要发展人的生产力,把物质生产变成对自然力的科学支配。"①资产阶级在推动世界交往革命的过程中扮演着"历史的不自觉的工具"。交往的普遍性打破了地区和民族之间的界限,人与人之间的交往范围不再局限于民族内的狭隘区域,交通工具、通信手段的多样化更为跨国贸易、人员交流等活动提供了便利。这里,从区域性的民族交往到普遍性的世界交往的转变,在一定程度上推动了经济、文化和政治上的传播与交流,更重要的是,这一转变对民族国家的内部环境带来了巨大的冲击。正如马克思所言:"过去那种地方的和民族的自给自足和闭关自守状态,被各民族的各方面的互相往来和各方面的互相依赖所代替

---

① 《马克思恩格斯文集》(第二卷),人民出版社,2009年,第691页。

了。物质的生产是如此，精神的生产也是如此。"①在世界交往普遍化的条件下，交往范围的扩大和程度的加深使世界历史从个人走向共同体，使单个民族国家的历史走向了世界历史。

2.世界历史到哪里去

资本逻辑和交往逻辑的生成构成了世界历史"从哪里来"的理论基础。针对世界历史"到哪里去"，马克思提出了两个伟大构想：一是进行无产阶级革命，二是建立自由人联合体的共产主义社会。这两方面不是相互割裂的，而是一个相互配合的内在整体。同样地，世界历史的发展遵从两种关系：一是资产阶级与无产阶级的矛盾关系，二是无产阶级与共产主义的共生关系。因为资本主义主导的世界历史自身蕴含着走向自我终结的力量，它不仅造成了资本主义私有制与生产社会化的矛盾，生产了资本这个无法控制的"怪物"，最终还生产了自己的掘墓人。用《共产党宣言》中的话来说，就是"资产阶级不仅锻造了置自身于死地的武器；它还产生了将要运用这种武器的人——现代的工人，即无产者"②。

其一，共产主义是世界历史的未来指向。共产主义是以无产阶级和资产阶级的矛盾关系为主线，以消灭资本主义剥削制度为内容，通过不断消灭现存状况的现实运动，最终达到一种自由人联合体的社会形态。因此，只有在解放生产关系和社会关系的基础上，共产主义阶段的世界历史才有可能实现。正如马克思和恩格斯所言："要扬弃私有财产的思想，有思想上的共产主义就完全够了。而要扬弃现实的私有财产，则必须有现实的共产主义行动。历史将会带来这种共产主义行动，而我们在思想中已经认识到的那正在进行自我扬弃的运动，在现实中将经历一个极其艰难而漫长的过程。但是，我们从一开始就意识到了这一历史运动的局限性和目的，并且有了超越历史运动的意识，我们应当把这一

① 《马克思恩格斯文集》(第二卷)，人民出版社，2009 年，第 35 页。

② 同上，第 38 页。

点看做是现实的进步。"①按照马克思和恩格斯最初的设想,共产主义作为世界历史性事业,第一,它不是一种地域性存在,而是一种世界历史性存在;第二,它是一场生产力与生产关系矛盾运动的社会革命。这说明,共产主义的实现贯穿于世界历史发展的整个过程,它不仅存在于无产阶级和资产阶级的矛盾关系中,还存在于生产力与生产关系的矛盾运动中。

其二,无产阶级承担着实现世界历史性事业的历史使命。自18世纪末19世纪初资本主义开辟世界历史以来,社会逐渐分裂为两大对立阶级:资产阶级和无产阶级。"我们的时代,资产阶级时代,却有一个特点:它使阶级对立简单化了。整个社会日益分裂为两大敌对的阵营,分裂为两大相互直接对立的阶级:资产阶级和无产阶级。"②这是资本主义主导世界历史的一个显著特征,即阶级对立体现为依附于机器的工人和依靠资本积累的资本家之间的不平等关系。资本的增加和资产对新的技术、新的生产方法的运用,一方面造成大量的失业者,另一方面又使大批较高社会阶层中的人被驱赶到工人阶级队伍中来。这种为了扩大再生产而进行的资本积累,进一步造成了越来越严重的社会不平等和贫富分化。工人在这里"只得到他不是作为人而是作为工人维持生存所必要的那一部分,只得到不是为繁衍人类而是为繁衍工人这个奴隶阶级所必要的那一部分"③。正是资本主义世界体系及其相伴生的无产阶级与资产阶级日趋激烈的阶级斗争,不断推动资本主义生产方式向新的生产方式乃至新社会形态的过渡。因此,马克思提出,实现共产主义是无产阶级肩负的历史使命。无产阶级作为世界历史的产物,其存在本身就是世界历史性的。

---

① 《马克思恩格斯文集》(第一卷),人民出版社,2009年,第231~232页。
② 《马克思恩格斯文集》(第二卷),人民出版社,2009年,第32页。
③ 《马克思恩格斯文集》(第一卷),人民出版社,2009年,第122页。

（二）国外学者对马克思主义世界历史思想的发展

始于世界历史"从哪里来，到哪里去"的问题导向，以及由此生成的资本逻辑和交往逻辑的世界历史发展机理，一些国外学者遵循这一思路，从全球化、帝国和空间生产等角度发展了马克思主义世界历史思想。

马克思在19世纪四五十年代为世界历史提出的基本问题是"世界历史开辟后该往何处去"，这一问题贯穿着国外学者对资本主义兴衰史的研究之中。在他们眼中，当代资本主义世界历史呈现出了一些新变化，可以归纳为三种表现形式：一是全球化，二是帝国主义，三是空间生产。

1.世界历史与全球化

马克思和恩格斯在《共产党宣言》中没有直接提及"全球化"这一词汇，但对这一趋势作出了明确论述。进入20世纪以来，全球化无论在深度还是广度上都得到前所未有的发展。面对这一现象，以阿里夫·德里克为代表的国外学者尝试在世界历史的视角下审视全球化趋势。

阿里夫·德里克的基本主张是：全球化的发展打破了欧洲中心主义的空间界限，其扩张带有霸权主义特征。他主要从历史断裂来理解当代全球化过程中所包含的同质化与异质化。"全球化"是一种理解世界历史的方式，但是人们一开始对全球化的误解就在于将其与资本主义同质化联系起来。在此后的现代化话语中，这一观念作为一种假设支配着人们的认识。简言之，"同质化"就是"全球化=资本主义=一种保证人类进步的积极价值"。但是20世纪六七十年代之后，这种情况发生明显改观，人们对全球化的理解包括了对差异的认识。从19世纪末以来的社会历史进程看，全球化是一个不可回避的现象，它主要通过殖民主义、民族主义和社会主义的方式来实现，这三者都曾是全球化的产物并以某种方式为全球化的发展做出过贡献。当然,归根结底,全球化的实质是全球资本主义化。"无论是物质的还是文化的全球化都暗示着马克思恩格斯所说的欧洲资本主义扩张的后果。"①他明确强调,全球化的不断发展是当代资本主义对全球关系的重组与改造。换句话说,如果全球化反映出来的是一种新型的社会关系,那么它的结果便是资本主义生产方式开始脱离其特定的欧洲中心主义限制,在全球范围内表现为一种抽象统治。因为全球化的特征在于,它把普遍的价值赋予了不仅是包括欧洲国家在内的所有国家,更重要的是向全世界阐明了关于资本主义发展模式的历史科学。资本主义主导的霸权逻辑依然在一定的历史时期发挥着重要作用。这里,阿里夫·德里克从全球化的角度阐释世界历史,对世界历史发展作出了基本判断,这一判断符合当今世界历史的发展趋势。

2.世界历史与帝国

追随马克思主义和列宁主义的脚步,西方激进左翼学者迈克尔·哈特和安东尼奥·奈格里等人从帝国的视角考察资本主义世界历史发展的不可持续性。他们普遍认为,资本构成的帝国越来越成为一种超国家、超民族的权力结构,世界历史朝向更深度发展。

随着全球化时代的来临,"国家主权采取了新的形式,它由一系列国家和超国家组织(这些组织在单一支配逻辑下联合起来)所构成。这种新的全球主义(被称为)帝国"②。帝国的力量在于,它既是超验性的,又是内在性的。它的超验性在于,它取代了所有其他政治权威的逻辑并把这些归入资本的逻辑之中;而它的内在性在于,当它和新式的通信技术连接在一起时,它产生了新的非物质劳动形式,这种劳动渗透并在自己控制的范围内囊括了经济、政治、社会和文化生活的所有方面。因此,帝国作为一个"去中心化(decentered)和去领土化(deter-

---

① 胡大平:《后革命氛围与全球资本主义》,南京大学出版社,2002 年,第 82 页。

② Michael Hardt, Antonio Negri, *Empire*, Harvard University Press, 2000, p.12.

ritorializing)的统治机器出现了,这样的统治机器在其开放的、不断扩张的边界内将整个全球版图日益整合起来"①。当不再存在要征服的"外部空间"时,资本主义以及权力工具(主权国家)就会达到危机点。在这种危急关头,资本抛弃了国家并接管了其自身所有的自主性,从而创建出一个新的全球权威和力量结构。这里,资本不是在一个受到限制的竞争空间内运行,而是控制着整个全球系统。帝国的主权通过将现代社会呈现出的差异性、杂多性和异质性等特征囊括在内而取得其支配地位。但是诸种差异是必须被控制的,只有表明这一点,帝国才能将它的支配权合法化。

这里,迈克尔·哈特和安东尼奥·奈格里对于异质性的帝国主义的强调弥补了世界历史的差异化研究。帝国并非封闭的总体化图景,相反却是一个可以容纳差异化的开放系统。帝国作为一种统治机器,其不仅表征世界历史扩展的趋势,更表现出世界历史在扩张过程中的自我悖论,即通过营造一种无差异化的现象,来获得其支配性地位。这里,世界历史有了一种全新的统治形式。即是说,它不是自然而然形成的,而是通过帝国等形式将其内在潜力不断激发的历史过程。这个过程产生了与列宁描述的帝国主义的传统形式完全不同的新东西。这进一步印证马克思所说的"世界史不是过去一直存在的;作为世界史的历史是结果"②。甚至说,世界历史的转向就蕴藏在看似由发达资本主义国家主导的全球化进程之中,"随着新兴国家把经济增长的支撑更多地放在国内生产的需求上,它们的发动机作用就将趋于枯竭。但是,这种转变可能会持续很长时间,并会伴随出现越来越多的失衡和紧张局势。全球化不会使资本主义在国际层面呈现出一个稳定的格局。"③

---

① Michael Hardt, Antonio Negri, *Empire*, Harvard University Press, 2000, p.12.

② 《马克思恩格斯全集》(第12卷),人民出版社,1962年,第760页。

③ [法]米歇尔·于松:《资本主义十讲》,潘革平译,社会科学文献出版社,2013年,第161页。

3.世界历史与空间生产

"西方"和"东方"从来都不是纯粹的地理空间概念,而是依据特定价值系统而构建的等级化的空间秩序。这里起关键作用的是,如何通过占有空间与生产空间的方式,将世界市场的扩张与不平衡的地理发展结合起来以创造一种可以持续发展的新动力。这种空间生产不仅具有资本属性,更重要的是,也成为各种主导性的生产关系和社会关系的客观反映。在全球化时代,资本主义不必通过传统的战争、殖民掠夺等方式扩展世界历史版图,在某种程度上,通过空间生产就可以完成。

资产阶级在开创世界市场的基础上,开辟了资本主义的世界历史时代。资本希望在地球上的每个角落通过开疆拓土的方式实现资本积累的空间化,并以空间扩张换取资本主义的幸存时间,但是资本在空间上的无限增殖与空间的有限性存在根本矛盾,这个矛盾就是资本空间化造成的。所以资本在经济全球化过程中的全面展开造成了不平等的地理结构,即资本制造的中心和边缘结构的对立。从20世纪70年代起,世界历史进入全面的资本全球化阶段,资本空间化、发达国家与不发达国家间的不平等关系,可以说,仍然反映出资本主义发展的内部不平衡问题。如列斐伏尔就提出要从"生产的空间"转移到"空间的生产"。哈维指出:"世界历史(在马克思主义的看法里,它是阶级之间斗争的结果)……不能被认为仅仅是一件偶然的事情。它具有政治—经济过程中的根源,这些过程把资本主义推进到了不平衡的地理发展的结构之中,使得它要寻找到对于过度积累问题在空间上的一系列修复。"①这种通过剥夺性积累使过度积累摆脱困境的方式,已经成为垄断资本进行转嫁风险、扩大积累的常用手段。但事实也证

---

① [美]戴维·哈维:《后现代的状况:对文化变迁之缘起的探究》,阎嘉译,商务印书馆,2013年,第263页。

明"这种积累方式无异于在悬崖边上跳舞"①。这种通过生产物质资料再生产的活动已经演变为人与人关系的再生产，其中的关系已经不再仅限于民族国家之间，而是涉及世界各国之间的社会关系的再生产。正是通过这些机制，资本主义创造了自己独特的历史地理学。

在国外学者的论述中，我们看到，世界历史的开辟与发展跟马克思对世界历史发展趋势的预测基本一致。从马克思主义世界历史思想的分析框架来看，空间生产可以视为对世界市场发展逻辑的进一步拓展。整个世界历史内在矛盾的爆发都在空间内发生和完成，正是空间的这种革命特性构成了它与资本积累的内在张力。

(三)从马克思主义世界历史思想
看国外学者对世界历史未来走向的判断

如今的问题不是国外学者如何发展了马克思主义的世界历史思想，而是从马克思主义的视角评判国外学者对于世界历史理论的发展是否是真正意义上的发展。正如齐泽克所言："远甚于什么是马克思主义仍然活的东西、马克思的什么东西在今天对我们有意义这些问题，我们感兴趣的：在马克思的眼中，我们当今世界自身意味着什么？"②国外学者在论述世界历史时往往缺乏整体性视野：一是由于缺乏历史唯物主义的批判视角，造成对马克思主义世界历史思想的非现实的、超历史的理解；二是以欧洲中心主义的眼光去审视世界历史的未来走向，忽视了社会主义阶段的世界历史这一分析视角。总的来说，由于他们对

---

① ［英］大卫·哈维：《新帝国主义》，初立忠、沈晓雷译，社会科学文献出版社，2009 年，第 123 页。

② ［斯洛文尼亚］斯拉沃热·齐泽克：《快感大转移：妇女和因果性六论》，胡大平等译，江苏人民出版社，2004 年，第 238 页。

世界历史未来走向的误判,在一定程度上违背了马克思主义世界历史思想的初衷。

1.忽视历史唯物主义的立场,不免落入一种超历史观

国外学者在对待世界历史"终结"这一问题上,往往脱离现实的物质基础。这种态度就如同马克思曾经批判过的历史哲学家,他们把历史"仅仅看成与历史进程没有任何联系的附带因素"①,从而将现实看作非历史的东西。我们可以把这种观点称为"超历史观",其实质是没有从历史唯物主义的视角对资本主义的发展趋势进行客观评价,相反却以一种理论推演的方式对世界历史的发展走向妄下结论。

国外有学者主张,资本全球化时代也是资本主义社会走向"终结"的时代。但是资本主义的终结并非遵循马克思所说的由于资本主义生产方式的内在矛盾导致其必然灭亡,而是具有发生的偶然性。世界历史的发展趋势也并非走向共产主义社会,而是指向一种历史的不确定性。用世界体系代表人物沃勒斯坦的话说,作为一种历史体系,世界体系是有起点和终点的。它作为地理边界的封闭总体,意味着资本主义必将走向历史的终结。"今天,资本主义已经耗尽了扩张的空间。社会运动的压力不可能在不威胁利润最大化基本原则的情况下得到缓解。"②资本主义世界体系崩溃的原因就在于其自身矛盾的积累。而且随着资本主义的"终结",随之而来的是更多的历史不确定性。因为在资本全球化时代,一个很小的事件就会将世界引向无法预测的结果,但是资本主义的"终结"却是确定的。同样地,德国社会学家沃尔夫冈·施特雷克这样描述关于资本主义的"最终危机",他从资本主义面临的几大问题出发审视世界历史的发展走向,认为"资本主义的未来(或者没有未来)伴随五个系统性问题:滞涨、寡头式再分配、公共

① 《马克思恩格斯文集》(第一卷),人民出版社,2009年,第545页。
② [美]格雷戈瑞·威廉姆斯:《世界体系研究之缘起:对话伊曼纽尔·沃勒斯坦》,杨智译,《国外理论动态》,2014年第4期。

资产流失、腐败和全球无政府主义"①。这些问题最终的结果是：当资本主义崩溃时，没有任何替代方案，没有作好取而代之的准备。

以沃勒斯坦和施特雷克为代表的国外学者普遍认为，资本在世界范围内的扩张会不可避免地陷入结构性危机，而这些危机又进一步证实了资本主义内部具有无法克服的矛盾和必然走向"终结"的结果。不过，他们普遍存在的问题是，对资本主义矛盾症结的分析没有深入到本质，没有看到隐藏在资本背后的所有制问题。这一矛盾表面看来反映的是资本积累问题，其本质反映的则是生产资料私人占有和生产社会化之间的矛盾。忽视了这一根本矛盾，将导致对资本主义矛盾症结的分析只是在做表面文章。换言之，他们得出世界历史的未来走向不确定性的结论，其实是忽视了一个重要问题，那就是卢森堡曾经提出的，如何实现资本主义向社会主义（共产主义）的转变，这种转变的关键不是一种非决定论，而是一种决定论——起到根本决定作用的还是经济关系。"无产阶级的阶级斗争在发展过程中获得的最大成就是在资本主义社会的经济关系中发现了实现社会主义的出发点。由于这一发现，社会主义就从几千年来人类模模糊糊憧憬的'理想'变成了历史的必然。"②如果缺失了这个基本判断，对于世界历史的分析就只能是一种外部反思，即没有深入到历史的本质，没有看到物质资料生产方式才是推动世界历史向前发展的最终动力，因此容易陷入马克思所谓的"超历史观"就不足为奇了。

2.忽视对社会主义发展现状的科学评价，不免落入一种空想化的激进论③

西方左翼学者如巴迪欧、齐泽克等人以复活共产主义理念的方式反观资本

---

① ［德］沃尔夫冈·施特雷克：《资本主义深陷系统性困境》，《人民日报》，2017年1月5日。

② 《卢森堡文选》，人民出版社，2012年，第39页。

③ "空想化的激进论"是笔者自己概括的说法，主要有两重含义：一是企图在资本主义框架之外设想一种新的共产主义，具有空想性；二是忽视社会主义国家在推进世界历史发展中的作用，甚至直接将社会主义国家纳入资本主义世界历史进程。

主义现状,在世界历史的分析上主张一种"空想化的激进论"。之所以持有这种观点,其原因在于,由于苏联模式的失败,这些学者普遍存在一个认识上的误区:他们将苏联模式的社会主义直接等同于现实的社会主义,这导致了他们在分析世界历史的发展进程时较少地谈论社会主义。伴随着资本主义与社会主义力量对比的变化,人们对社会主义的看法在金融危机后得到很大的改观。因此,这里需要澄清两个误解:一是如何形成对社会主义的准确理解,二是如何看待社会主义国家在推进世界历史发展中的作用。

首先,如何形成对社会主义的正确理解。关于此问题,国外学者进行过长达一个多世纪的争论。苏联解体以后,很多国外学者在很长一段时间里都在谨慎地使用"社会主义"这个词汇,甚至有学者直接宣布资本主义"终结"了历史,这时在资本主义社会中有种"谈社色变"的心态。马克思撰写的《资本论》《法兰西内战》和《哥达纲领批判》,恩格斯撰写的《社会主义从空想到科学的发展》等重要著作是对社会主义的具体阐释和科学论证。这种社会主义已经不再是一种人道主义,而是一种科学社会主义。他们以唯物史观和剩余价值理论为依据,将社会主义放在现实的历史中进行讨论和研究,不仅阐述了人类社会发展的内在动力和规律,还论证了资本主义的基本矛盾和无产阶级的世界历史使命。马克思和恩格斯的伟大历史贡献是创建了科学社会主义理论,使社会主义从空想走向科学。因此,社会主义从来不是空中楼阁,而是一种现实的社会形态概念。只有对社会主义有了正确理解,我们才不会将其简单地囿于国家的框架内,才不会将其不假思索地视为一种不动的、僵死的社会制度。

其次,如何看待社会主义国家在推进世界历史发展中的作用。21 世纪的世界历史重新面对列宁提出的"怎么办"问题。在苏联解体以后,我们又重新回到资本主义主导的世界体系之中,究竟是革命还是改革的问题再次被提了出来。

在此,巴迪欧和齐泽克坚持共产主义观念复兴。①但这种理念并未正视社会主义国家在推进世界历史发展中所起的作用。面对现实的社会主义国家,他们习惯于从欧洲中心主义视角出发,将其硬生生地纳入资本主义世界历史中进行讨论。其实,马克思晚年通过《人类学笔记》《历史学笔记》和《资本论》等,基于通过对东方国家的考察,已经将世界历史的空间范围推广到不同于资本主义的国家和民族,使世界历史在时间维度上成为经验所证实的历史。就世界历史发展规律背后的实现方式而言,马克思和恩格斯也从未指出资本主义就是世界历史的唯一呈现方式。在资本主义与社会主义共存的世界历史阶段,我们更应该从资本主义国家与社会主义国家的客观现实出发来思考世界历史的道路选择问题。特别是根据人类社会发展的一般规律,我们应该清楚地认识到,在今天,世界历史已经进入一个新阶段,中国特色社会主义所开拓出来的中国式现代化新道路已经对发展中国家产生显著的示范效应,丰富了世界现代化实践的选择路径,并为重建世界秩序提供了新契机。

针对世界历史的发展走向,国外学者的解释方式在本质上没有脱离马克思主义世界历史思想的分析框架,且没有一种把握世界历史的整体性思维。比如,沃勒斯坦等人认为资本主义阶段的世界历史必将终结,但对何时终结和以何种方式终结的回答则是不确定的。巴迪欧等人认为,世界历史进入新阶段将意味着共产主义观念的复兴,这一解释抹杀了社会主义国家在推进世界历史发展中的现实作用。由于他们对世界历史的分析缺少了历史唯物主义视角和对社会主义发展现状的科学评价,使得这种讨论依然停留在理论层面,其想法虽然激进,但都是无的放矢的呻吟。

---

① 这一说法参见科斯塔斯·杜兹纳(Costas Douzinas)、齐泽克(Slavoj Žižek)等在2009年"共产主义观念"国际大会的论文集《共产主义观念》(*The Idea of Communism*)。其中,巴迪欧在《共产主义观念》的末尾,提到"在人们的意识中赋予共产主义观念将是共产主义存在的第三个时代"。

结　语

马克思当年提出的世界历史"从哪里来,到哪里去"的问题已经在资本主义社会完成了第一步,接下来就是如何进一步深化世界历史"到哪里去"的问题。正是在这个汹涌的历史大潮中,世界历史在资本主义和社会主义两种制度并存的发展格局中出现了一些新变化。特别是在今天"东升西降"的大趋势下,中国共产党成功领导全国各族人民在世界历史进程中走出了一条有别于西方式现代化的发展道路——中国式现代化新道路。中国式现代化在历史逻辑、主体逻辑和国家逻辑中进一步深化了对社会主义建设规律和人类社会发展规律的认识,使世界历史性事业始终朝着未来共产主义社会这一历史确定性的方向前进。

第二章　中国式现代化
在世界历史进路中的发展逻辑

从世界历史进程来看,随着现代生产方式和生活方式的扩展,现代化具有超越各个国家、各个民族的特点而成为世界性浪潮的性质。中国式现代化是在人类普遍交往和生产力普遍发展的演变中开辟出来的新的现代化道路,是一条有别于西方式现代化的发展道路,从历史逻辑、主体逻辑和国家逻辑三个层面贡献了破解现代化困境的中国方案。中国式现代化新道路将由资本主义生产方式主导的世界历史作为道路展开的理论原点,遵循了现代化发展的一般规律;将资本运动的客观规律和"以人民为中心"的价值取向的辩证统一作为现代化实践的现实原则,与西方式现代化划定了原则性界限;将"走自己的路"作为创造新道路的中国经验,对相对落后的国家实现现代化具有重要启示意义。中国式现代化的世界历史进路表明,现代化的发展形态是历史规律、主体价值和国家制度相互作用与内在融合的结果。

一、历史逻辑:在资本主义生产方式主导的世界历史中破局

历史转向世界历史是考察资本主义生产方式的时空场域,呈现了历史运动的基本规律。就现实的历史而言,它是一部同工业和交换的历史联系起来的人类文明史,更是一部确定资本主义作为主导生产方式的现代化发展史。马克思和恩格斯立足包含整个人类社会发展方式的世界历史视野,从资本主义生产方式的内在症结中揭露出西方式现代化的困境,并从中孕育出发展现代化新形态的现实条件。

(一)"历史向世界历史的转变"呈现了现代化的发展史

历史向世界历史的转变这一时代特征的确认,是通过对现实的历史即资本主义社会及其生产方式的总体揭示和内在批判来完成的,其反映的经验事实既是物质生活状况本身,也是现代化的发展史。

一是历史向世界历史转变的理论依据是历史唯物主义。马克思和恩格斯在批判黑格尔的历史意识和费尔巴哈的抽象的人的基础上阐明了自己的历史观。从"头脚倒置"来看,黑格尔"只是为历史的运动找到抽象的、逻辑的、思辨的表达,这种历史还不是作为既定的主体的人的现实历史,而只是人的产生的活动、人的形成的历史"[1]。从"人与现实的关系"来看,"费尔巴哈设定的是'人',而不是'现实的历史的人'"[2]。在揭示人类社会的发展规律时,黑格尔和费尔巴哈只

---

[1] 《马克思恩格斯文集》(第一卷),人民出版社,2009年,第201页。

[2] 同上,第528页。

是在"观念的历史"中兜圈子。对马克思和恩格斯而言,从"观念的历史"向"现实的历史"的转变是他们确立科学唯物史观的第一步。因为"这种历史观和唯心主义历史观不同,它不是在每个时代中寻找某种范畴,而是始终站在现实历史的基础上,不是从观念出发来解释实践,而是从物质实践出发来解释各种观念形态"①。进言之,历史向世界历史转变的现实基础是物质实践,这一转变反映的经验事实就是物质生活状况本身。

二是历史转向世界历史的现实结果是资本主义生产方式的确立。马克思和恩格斯进一步将物质生活状况具体化为资本主义生产方式,并在资本主义的内在矛盾中捕捉到现代化的本质。随着历史向世界历史的转变,资本主义逐渐成为一种世界历史性的生产方式。"各个相互影响的活动范围在这个发展进程中越是扩大,各民族的原始封闭状态由于日益完善的生产方式、交往以及因交往而自然形成的不同民族之间的分工消灭得越是彻底,历史也就越是成为世界历史。"②对于现代社会而言,历史向世界历史转变的跨时代的意义就在于,世界历史的开辟标志着资本主义生产方式的确立。从狭隘意义上来说,现代化是在历史唯物主义的基本规定下资本主义生产方式的具体展开样式。"我们对于'现代'一词的使用,不是作为'当代'的泛称,而是指一个特定的历史时代。"③其中,生产方式的变更对推动现代化进程起着决定性作用。甚至说,"'现代'这个概念是以大生产力形态作为世界历史发展坐标的主轴对这个新时代的新定位"④。在马克思和恩格斯描述的机器大工业时代,现代化的历史是一部由资本主义生产方式主导的历史,一切的历史冲突都可以归结为生产力与交往形式之间的矛盾。这一矛盾是世界历史发展的一般规律。进言之,生产力和交往形式的矛盾运

---

① 《马克思恩格斯文集》(第一卷),人民出版社,2009年,第544页。

② 同上,第540~541页。

③ 罗荣渠:《现代化新论——世界与中国的现代化进程》,商务印书馆,2009年,第100页。

④ 同上,第424~425页。

动的背后,反映的是资本对现实的历史及其社会关系遮蔽的经验事实,反映的是西方资本主义国家以资本扩张为目的而把东方国家纳入世界整体,从而按照自己的面貌创造一个新世界的历史事实。资本主义生产方式主导的世界历史是一个按照资本主义生产的"自然过程的必然性"和"由于自然过程的必然性造成了自身的否定"的运动过程。这一自然过程表现出来的生产力发展的必然性与历史进程中表现出来的社会关系的不平等是一种相反的运动。即是说,资本主义制造的繁荣景象和资本的文明作用的彰显是建立在对大多数人(无产阶级)压迫和剥削的基础上的。

因此,马克思和恩格斯将现代化一方面看成是世界历史内在规律的现实化过程,另一方面又直接指认这一由资本主义生产方式主导的西方式现代化是不可持续的。"当今世界都在追求的西方式现代化是不能实现的,它是人类的一个陷阱。"[①]揭露西方式现代化的陷阱,批判资本主义现代化带来的负面效应正是进一步揭示世界历史发展趋势中必然会遇到的时代难题。

(二)中国式现代化在遵循世界历史一般规律下破局

随着历史走向世界历史,随着资本主义世界历史的开辟,马克思和恩格斯阐释的新世界观呈现出两个向度:一是它不再仅仅表现为物质的历史,而是资本逻辑统摄物质现实的历史;二是资本主义生产方式的内在症结与资本的限度为社会主义道路的开辟提供了可能性。

1.世界历史的本质是资本逻辑统摄物质现实的历史

从现实的历史出发,马克思和恩格斯"把'人类的历史'同工业和交换的历

---

① 习近平:《之江新语》,浙江人民出版社,2007 年,第 118 页。

史联系起来研究和探讨"①,回答了历史哲学家未能真正解决的历史的本质问题,开启了新世界观的叙事方式。"历史向世界历史的转变,不是'自我意识'、世界精神或者某个形而上学幽灵的某种纯粹的抽象行动,而是完全物质的、可以通过经验证明的行动,每一个过着实际生活的、需要吃、喝、穿的个人都可以证明这种行动。"②以历史唯物主义的一般规定为依据,马克思进一步从特定的资本主义生产方式出发界定了世界历史的内在本质。一旦将世界历史置于资本主义生产方式的逻辑范式之下,其内在本质就不再仅仅表现为物质的历史,而是呈现为资本逻辑统摄物质现实的历史。

因为就历史走向世界历史的结果来看,世界历史既标志着时间维度上的人类历史进程,更构筑了空间维度上的生产结构体系。特别是世界市场的形成实现了生产目的从使用价值到交换价值的转移。"资产阶级社会的真正任务是建成世界市场(至少是一个轮廓)和确立以这种市场为基础的生产。"③马克思和恩格斯基于生产力与交往形式之间的矛盾,从分工、货币、劳动之间的关系出发,探究了为何资本主义大工业开辟世界历史只是外在表现,资本主导的异化历史才是世界历史的本质与结果。"它(资本主义大工业——笔者注)首次开创了世界历史,因为它使每个文明国家以及这些国家中的每一个人的需要的满足都依赖于整个世界,因为它消灭了各国以往自然形成的闭关自守的状态。它使自然科学从属于资本,并使分工丧失了自己自然形成的性质的最后一点假象。它把自然形成的性质一概消灭掉(只要在劳动的范围内有可能做到这一点),它还把所有自然形成的关系变成货币的关系。……大工业不仅使工人对资本家的关

① 《马克思恩格斯文集》(第一卷),人民出版社,2009年,第533页。
② 同上,第541页。
③ 《马克思恩格斯文集》(第十卷),人民出版社,2009年,第166页。

系,而且使劳动本身都成为工人不堪忍受的东西。"①世界发展为一个整体图像,这不是自然形成的社会状况,而是在机器大工业时代资本主义生产方式对外扩张的结果,这一结果是由资本的增殖本性所决定的。

2.作为世界历史主体的资本及其限度

马克思进一步运用政治经济学批判的方法指认资产阶级社会中的主体是资本,而不是活动着的个人。从作为承担世界历史使命的个人与作为世界历史结果的共产主义相统一的理想状态来看,要想恢复出卖劳动力的个人的主体地位,就必须得破解资本的主体地位,正视资本的历史作用及其限度,促进交往关系的普遍化。

第一,资本取代劳动者成为世界历史的主体。"在自由竞争中自由的并不是个人,而是资本。"②究其本义而言,世界历史不过是人通过人的劳动诞生的过程,劳动体现人的自由自觉性。资本一出现,工人的劳动成为受资本主义生产方式控制的异化劳动,体现着资本的意志。"资本在生产过程中是作为劳动的管理者和指挥者(captain of industry)出现的,在这个意义上说,资本在劳动过程本身中起着能动的作用。"③马克思一方面从政治经济学的角度论证主体已经由劳动者转变为资本,另一方面又展现了主体变迁如何影响了世界历史的发展趋势。由于资本取代劳动成为世界历史的主体,生产力和交往的发展所产生的历史结果不再是满足人的需要,而成为一种"为了增殖而增殖,为了生产而生产"的破坏性力量。这种破坏性力量造成了激烈的阶级对抗。进言之,资本作为生产力的推动因素,为人类社会创造了巨大的物质财富和精神财富,但这一切的获得是建立在对劳动力剥削和劳动资料的控制和改造上。"提高劳动生产力和最大限

---

① 《马克思恩格斯文集》(第一卷),人民出版社,2009年,第566~567页。

② 《马克思恩格斯文集》(第八卷),人民出版社,2009年,第179页。

③ 《马克思恩格斯全集》(第35卷),人民出版社,2013年,第355页。

度否定必要劳动,正如我们已经看到的,是资本的必然趋势。劳动资料转变为机器体系,就是这一趋势的实现。"①

　　第二,资本通过生产力与交往方式打破了历史限制的同时,又为自己创造了新的限制。这个限制根源于资本的本性,这一本性又深刻地体现在资本与劳动这对基本关系上。资本一方面需要吸收活劳动,另一方面又要排斥活劳动。"资本是死劳动,它像吸血鬼一样,只有吮吸活劳动才有生命,吮吸的活劳动越多,它的生命就越旺盛。"②但是资本增殖的本性又要求不断提高劳动生产率,从而不可避免地导致部分产业工人失业。这一资本与劳动的矛盾在资本主义总生产过程中表现为生产与消费这两端的矛盾终究无法化解,并间断性地以经济危机的形式表现出来。"资本的发展程度越高,它就越是成为生产的界限,从而也越是成为消费的界限,至于使资本成为生产和交往的棘手的界限的其他矛盾就不用谈了。"③虽然资本主义总是在遇到限制又克服限制的矛盾运动中发展的,但资本的本性与资本主义生产方式相关联,其终将成为生产力发展的桎梏。一方面,资本主义私有制由生产力的发展形式转变为社会化生产力的桎梏;另一方面,资本的积累造成了利润率下降和无产阶级的贫困化趋势。资本主义世界历史的"终结"就是资本的终结,资本终将达到其历史界限。到那时,"人们认识到资本本身就是这种趋势的最大限制,因而驱使人们利用资本本身来消灭资本"④。

　　第三,人们在利用资本、消灭资本的同时,"为了不致丧失已经取得的成果,为了不致失掉文明的果实,人们在他们的交往方式不再适合于既得的生产力时,就不得不改变他们继承下来的一切社会形式"⑤。资本与劳动的关系是批判

---

① 《马克思恩格斯文集》(第八卷),人民出版社,2009 年,第 186 页。

② 《马克思恩格斯文集》(第五卷),人民出版社,2009 年,第 269 页。

③ 《马克思恩格斯文集》(第八卷),人民出版社,2009 年,第 97 页。

④ 同上,第 91 页。

⑤ 《马克思恩格斯文集》(第十卷),人民出版社,2009 年,第 43~44 页。

资本主义生产方式内在症结的根本维度。除此之外,由于世界市场的发展和资本逻辑的增殖属性,其他交往关系也会随之发展起来。只有在交往普遍化的时候,已经创造出来的生产力才能够得以保存下来。这说明,仅仅有生产力的提高是不够的,世界历史发展的另一个重要前提是地域性交往走向世界性交往。在《德意志意识形态》中,马克思和恩格斯对世界历史的发展趋势与无产阶级的历史使命这两者的关系作出了一个基本判断:"无产阶级只有在世界历史意义上才能存在,就像共产主义——它的事业——只有作为'世界历史性的'存在才有可能实现一样。"①"地域性的个人"向"世界历史性的、经验上普遍的个人"的内在转变,将不可避免地导致个人的劳动及其他社会关系被资本力量所牵制并在深度和广度上不断扩大。但是个人在社会关系中发展得越丰富,人的全面能力就越具备,人们的依存关系就越紧密。这种全面的依存关系将使得生产力成为一种可以被驾驭的社会力量,人的劳动从异化状态变为一种自由自觉的活动。因此,作为驾驭先进生产力和实现世界性交往的主体只能是世界历史意义上的普遍的个人,他们将推动共产主义从地域性走向国际性,从观念走向现实,在消灭旧事物的基础上创造新的社会形态。今天,聚焦于新世界观叙事中的资本限度问题,我们不仅要恢复劳动者的主体地位,更要注重发展交往关系,并通过世界不同地区的社会关系的变革来进一步实现世界历史性个人的主体性的发挥。

总的来说,马克思和恩格斯从哲学和政治经济学的复调语境中阐述了历史走向世界历史的新世界观、资本与劳动的关系及其交往的发展,进而佐证资本主义世界历史"终结"的理论必然性,同时从科学社会主义的角度强调了无产阶级与世界历史的关系,为社会主义革命开创人类历史的新纪元提供了思想资源。

---

① 《马克思恩格斯文集》(第一卷),人民出版社,2009年,第539页。

3.中国式现代化对资本主义生产方式的积极扬弃

世界历史的发展趋势是在对资本主义生产方式的扬弃中进行的资本主义向共产主义的过渡。这一过渡的历史必然性在恩格斯的《马克思和洛贝尔图斯》中被表述为,"马克思从来不把他的共产主义要求建立在这样的基础上,而是建立在资本主义生产方式的必然的、我们眼见一天甚于一天的崩溃上;他只说了剩余价值由无酬劳动构成这个简单的事实。但是,从经济学来看形式上是错误的东西,从世界历史来看却可能是正确的"①。作为世界历史结果的共产主义,建基于资本主义生产方式的自我解体。在世界历史的基本走向下,我国要想开创一种有别于西方式现代化的新道路,就应当顺应世界历史的发展趋势,把发展道路建立在对资本主义生产方式的积极扬弃之上。

由资本主义生产方式主导的现代化进程呈现了在"以物的依赖性为基础的人的独立性"阶段的世界历史的一般规律。一是在资本主义的母体中发展起来的现代化始终不能解决其内在困境,始终具有发展的暂时性特征;二是"工业较发达的国家向工业较不发达的国家所显示的,只是后者未来的景象"②。实现现代化是任何一个民族和国家的必经之路。世界历史开辟的历史结果之一是以资本主义生产方式为主导的西方现代化道路的确立,但世界历史发展的一般规律并没有否认其发展形态和实现形式的特殊性。一方面,正是由于资本主义生产方式的不可持续性,现代化的发展模式就不会只有一种。"通向现代化的道路不止一条,只要找准正确方向、驰而不息,条条大路通罗马。"③另一方面,对我国而言,中国式现代化新道路的展开应当以解决资本主义基本矛盾,即生产社会化

---

①　《马克思恩格斯文集》(第四卷),人民出版社,2009 年,第 203~204 页。

②　《马克思恩格斯文集》(第五卷),人民出版社,2009 年,第 8 页。

③　习近平:《开放共创繁荣　创新引领未来——在博鳌亚洲论坛 2018 年年会开幕式上的主旨演讲》,人民出版社,2018 年,第 4 页。

和生产资料私有制之间的矛盾作为出发点。基于此,中国共产党领导人民走的现代化道路就要进一步回答:它何以在资本主义生产方式主导的世界历史中破局,何以更好地在世界历史性事业的推进中实现历史发展一般规律与历史主体能动作用的统一。

二、主体逻辑:辩证处理资本主体与人民主体的关系

中国式现代化从对资本主义生产方式的扬弃出发,尝试解决资本主体与人民主体的现实悖论,从中开创一种不同于资本主义的现代化新形态,续写了世界历史的新篇章。世界历史在其运动过程中始终离不开一根主线,即资本与劳动的关系或资本与人民的关系。[①]这一关系在《资本论》中被表述为"在一极是财富的积累,同时在另一极……是贫困、劳动折磨、受奴役、无知、粗野和道德堕落的积累"[②]的政治经济学话语,在《1844 年经济学哲学手稿》中被表述为"物的世界的增值同人的世界的贬值成正比"[③]的哲学话语。中国式现代化在世界历史进路中运用历史辩证法来破解资本主体与人民主体的现实悖论,其方法论原则可以归结为遵循资本运动的客观规律和"以人民为中心"的价值取向的辩证统一。

---

① 资本主体与劳动主体地位的颠倒,即是说,尽管人民是社会物质财富的创造者,但在资本主义条件下劳动者以雇佣劳动的形式服从于资本。这种颠倒,从政治哲学的角度而言,就是资本主体与人民主体地位的颠倒。为了后面阐述方便,我们统一采用资本主体与人民主体的关系展开论述。

② 《马克思恩格斯文集》(第五卷),人民出版社,2009 年,第 743~744 页。

③ 《马克思恩格斯文集》(第一卷),人民出版社,2009 年,第 156 页。

（一）世界历史的发展主线：围绕资本与劳动的悖论关系展开

资本与劳动是现代社会的主轴，也是世界历史发展的主线。"资本和劳动的关系，是我们全部现代社会体系所围绕旋转的轴心。"[①]但是劳动与资本的关系在资本主义生产方式主导的世界历史中呈现悖论关系。即是说，劳动一方面实现了从自然分工向社会分工、从地域性生产向世界性生产的转变，这种转变使地域性的交往进一步发展为世界性的交往；另一方面，形成了资本对劳动的束缚，在这种束缚条件的作用下，人与物的地位颠倒，在这个颠倒世界中，发展是以资本剥削劳动为代价的，因此这个世界创造了生产力发展的无限可能性，却又加剧了资本与劳动之间的矛盾。具体来看，现实的历史呈现为资本的历史。在资本主义社会，"只有当生产资料和生活资料的占有者在市场（一般来说，这里的市场指的是更广的世界市场。——笔者注）上找到出卖自己劳动力的自由工人的时候，资本才产生；而单是这一历史条件就包含着一部世界史。因此，资本一出现，就标志着社会生产过程的一个新时代"[②]。资本是通过购买生产资料和劳动力来生产剩余价值的价值，并通过生产要素的使用价值形式（货币）表现出来。从根本上说，资本是一种对雇佣劳动及其产品予以支配的社会关系。正是由于这种支配性，资本表现为一种具有生产能力的"主体"，并跟实际具有这种生产能力的劳动者呈现悖论关系。由此，在资本主导的阶级社会中，"现实的个人"就被分裂为两大阶级：一个是出卖劳动力的劳动者，另一个是拥有财富的资本家。在资本主义生产方式下，"资本主义生产不仅是商品的生产，它实质上是剩

---

① 《马克思恩格斯文集》（第三卷），人民出版社，2009 年，第 79 页。

② 《马克思恩格斯文集》（第五卷），人民出版社，2009 年，第 198 页。

余价值的生产。工人不是为自己生产,而是为资本生产"①。

在资本主导的现实的历史中,马克思和恩格斯系统阐释了以资本逻辑为主导的物质性生产活动的秘密与规律,科学分析了资本生产、积累与循环、剩余价值分配等规律,揭示出资本不可遏制地追求极致的需求必然受到自身性质的限制,资本的内在矛盾运动将走向自我否定的规律,进一步指明了工人阶级的历史使命与世界历史的发展趋势。

其一,资本自身蕴含的自我否定要在资本与劳动的关系中得以阐明。马克思在《资本论》中提道:"事实上,自由王国只是在必要性和外在目的规定要做的劳动终止的地方才开始;因而按照事物的本性来说,它存在于真正物质生产领域的彼岸。……这个自由王国只有建立在必然王国的基础上,才能繁荣起来。"②这段话表面上看是在谈从必然王国到自由王国的问题,但从实质上来看,由必然王国到自由王国的飞跃是从劳动和资本的关系中得出的。劳动之所以还不能成为人的自由自觉的活动,本质还是在于其受到了资本逻辑的束缚。摆脱资本权力的控制,恢复人的本质,是现实的个人能够转变为全面发展的人的基本要求。而且"在资本对雇佣劳动的关系中,劳动即生产活动对它本身的条件和对它本身的产品的关系所表现出来的极端异化形式,是一个必然的过渡点"③。超过了这个过渡点,就意味着雇佣劳动与资本由颠倒状态回归到本来位置。

其二,资本主义开辟世界历史是全球化扩张的必然结果,但不是人类社会发展的最终结果。"世界史不是过去一直存在的;作为世界史的历史是结果。"④这一世界历史的发展结果便是:资本的界限与劳动的联合推动世界历史由资本

---

① 《马克思恩格斯文集》(第五卷),人民出版社,2009年,第582页。

② 《马克思恩格斯文集》(第七卷),人民出版社,2009年,第928~929页。

③ 《马克思恩格斯全集》(第30卷),人民出版社,1995年,第511~512页。

④ 《马克思恩格斯文集》(第八卷),人民出版社,2009年,第34页。

主义向社会主义和共产主义转变。就资本的界限而言,一方面,"资本破坏这一切并使之不断革命化,摧毁一切阻碍发展生产力、扩大需要、使生产多样化、利用和交换自然力量和精神力量的限制"①。另一方面,我们"决不能因为资本把每一个这样的界限都当做界限,因而在观念上超越它,所以就得出结论说,资本已在实际上克服了它,并且,因为每一个这样的限制都是同资本的使命相矛盾的,所以资本的生产是在矛盾中运动的,这些矛盾不断地被克服,但又不断地产生出来。不仅如此,资本不可遏止地追求的普遍性,在资本本身的性质上遇到了限制,这些限制在资本发展到一定阶段时,会使人们认识到资本本身就是这种趋势的最大限制,因而驱使人们利用资本本身来消灭资本"②。如前所述,资本是生产力发展的一定形式,但不是生产力发展的绝对形式。作为资本的生产力如果不受控制的话,它对生产发展的内在界限就始终存在。对劳动者的联合而言,劳动力并不向来就是商品,劳动也并不向来就是雇佣劳动。劳动者的联合问题是推动由资本主义向社会主义和共产主义转变的根本动因。"劳动的解放既不是一个地方的问题,也不是一个国家的问题,而是涉及存在现代社会的一切国家的社会问题,它的解决有赖于最先进的国家在实践上和理论上的合作。"③马克思之所以高度关注资本的殖民扩张和世界无产阶级革命问题,是因为资本与世界市场共同为走向社会主义和共产主义创造着必要的历史前提。一旦以资本为基础的生产和交换扩展到全世界,资产阶级的世界市场必然会产生深刻的社会危机,资产阶级社会创造的文明成果会为新社会形态奠定物质基础,共产主义革命的时代就会到来。这说明,由资本主义文明主导的世界历史只是一个暂时状态,它不仅表现为资本全球扩张的空间运动过程,还表现为世界历史由资本

---

① ② 《马克思恩格斯文集》(第八卷),人民出版社,2009 年,第 91 页。
③ 《马克思恩格斯文集》(第三卷),人民出版社,2009 年,第 226 页。

主义向社会主义和共产主义的转变。这是世界历史发展的客观规律。

(二)中国式现代化的发展原则是为资本运动和发展划定界限

对以资本主义生产方式为内核的西方式现代化而言,西方式现代化的陷阱是其无法为资本的运动和发展划定界限。在马克思和恩格斯描述的现代社会中,劳动者被限定在为资本增殖的物的地位上,资本的增殖即为劳动的消耗,二者呈现激烈的对抗关系。这一对抗关系是资本主义生产方式内在症结的反映,其外在表现形式是财富的积累与贫困的积累。

那么何谓财富?财富仅仅是一个从属于分配领域的概念吗?恩格斯在《反杜林论》中提到,杜林对财富下了一个错误的定义,即它是"对人和物的经济权力"[1]。在恩格斯看来,这一财富的概念遮蔽了人与物的地位不平等关系。因为"对物的支配是好事,但是对人的支配是坏事;杜林先生既然禁止自己以对物的支配去解释对人的支配……那就是:资本主义的生产方式是很好的,可以继续存在,但是资本主义的分配方式完全不适用,必须废除"[2]。财富本身并不先天执行对人的支配,它只是一种物的象征。将人与物共同裹挟进财富概念之中,杜林的意图很明显,就是将导致两极分化的原因仅仅归结为资本主义的分配不公。在恩格斯看来,一个再明显不过的问题是,从资本主义生产方式入手比仅仅批判资本主义分配方式来说更加具有革命意义。因为生产的目的是为了满足人的需要,而不是为了财富增长和资本积累。这里出现的怪象是"在现代世界,生产表现为人的目的,而财富则表现为生产的目的"[3]。在一定程度上,我们可以认为,财富

---

[1] 《马克思恩格斯文集》(第九卷),人民出版社,2009 年,第 193 页。

[2] 同上,第 194 页。

[3] 《马克思恩格斯文集》(第八卷),人民出版社,2009 年,第 137 页。

一旦通过雇佣劳动追求价值增殖,它就成为资本。两极分化是以资本为中心的西方式现代化的典型表现,西方式现代化的陷阱说到底就是其无法为资本的运动和发展划定界限。特别是随着生产力和交往关系的发展,这个资本主义创造出的资本主体反而成为摧毁资本主义自身,并推动社会形态向更高阶段发展的革命力量。从这个意义上来说,资本自我运动的结果不是资本主义"终结"了世界历史,而是资本主义生产方式的自我终结。

马克思在对资本逻辑的批判进路中揭示世界现代化历史进程的深层动因,旨在促使人们剥离资本制造的虚假表象而走进历史深处。依据资本主义生产方式的内在症结,解决西方式现代化困境的基本思路是从资本和劳动这对基本关系出发,将资本和劳动的关系从财富积累的表象中剥离出来,充分认识和把握资本的特性和行为规律,进而为资本运动和发展划定界限。

(三)中国式现代化坚持"以人民为中心"的价值取向

中国式现代化以人的发展逻辑战胜了资本的增值逻辑,实现了对以资本逻辑为核心的资本主义现代化的本质性超越。如前所述,西方式现代化发展到一定阶段的必然结果是:资本通过自我运动不断打破与自己不相适应的界限,这些不相适应的界限是与生产力发展水平不相适应的社会关系,这些不相适应的社会关系从一定意义上说是马克思所说的"物的世界的增值同人的世界的贬值",即人与物(资本是物的集中体现)的颠倒关系。就此而言,解决人与资本颠倒的方式是坚持"以人民为中心"的价值取向。

就世界历史的走向而言,以物的发展作为衡量时代进步的标准,其目的是坚持"以人民为中心"的价值取向,是"推翻使人成为被侮辱、被奴役、被遗弃和被蔑视的东西的一切关系"①。马克思批判资本主义现代化的问题症结是资本主体对人民主体的遮蔽，是人的贬值与物的增值成正比。因为一旦当资本成为支配一切的经济权力甚至政治权力时，人的发展将退居于物的发展之后。在马克思看来，资本主体的抽象统治是一种蕴含强制性的进步逻辑。这种强制性是以压抑人的本性为代价的。

在此，"以资本为主体"还是"以人民为主体"呈现出两种根本不同的价值取向。西方式现代化在某种程度上只是遵循了世界历史发展的一般规律，即对经济必然性规律的演绎。但现代化在不同的社会环境和经济制度下会产生不同的历史效果。就中国的社会现实来看，自社会主义制度确立以来，我国在推进社会主义现代化事业的进程中，在借鉴资本主义文明成果的同时，始终都致力于破解人与资本的颠倒问题。"中国特色社会主义不应该也不能拒绝资本，在认识资本的基础上占有资本和利用资本是不断开拓中国道路的重要前提和路径。因而，资本逻辑与中国道路的'纠缠'也就不可避免。"②中国道路在与资本的"纠缠"中保持了一定的独立性，其原因在于，社会主义现代化的特色在于"社会主义"，其价值属性不是资本主体，而是人民主体。"社会主义生产逻辑不是以利润为目的，而是以人为本；其生活逻辑不是以消费为中心，而是以遵循人的完整性和丰富性的美好生活逻辑为本。这些决定了它与现代资本文明对资源的无止境需求是完全不同的。"③这一不同的价值取向上升到马克思主义的理论视野就是，资本在社会主义条件下是可以被规范和引导的，认识和把握资本的特性和行为规律的目的是使资本更好地服务于人的全面关系的培养。

---

① 《马克思恩格斯文集》（第一卷），人民出版社，2009 年，第 11 页。
② 张三元：《中国道路对西方现代性的超越》，《山东社会科学》，2017 年第 6 期。
③ 唐爱军：《中国道路的文明逻辑——基于历史唯物主义的解读》，《哲学研究》，2020 年第 6 期。

（四）中国式现代化的本质是通过物的现代化而实现人的现代化

马克思和恩格斯强调由资本主义向共产主义的社会形态的变迁不是遵循理性论证的应然逻辑，而是依照生产力与生产关系矛盾运动的实然逻辑。现代化发展的必然规律是生产方式的变革，是人与物关系的辩证统一。"在发展问题上，以人民为中心和以经济建设为中心并不是相互否定的，而是辩证统一的。"①从根本目的上看，现代化的本质是通过物的现代化而实现的人的现代化。

在社会主义现代化进程中，人与物的辩证统一关系可以转化为如何理解社会主义的本质。邓小平在《答美国记者迈克·华莱士问》中曾经提到社会主义的两大基本原则，即"第一是发展生产，第二是共同致富"②。生产力不发达，物质财富积累不够，意味着人民的需要得不到满足，人民正当的、合理的权益得不到有效的保障，因而与社会主义的本质要求不相一致。另外，生产关系对生产力、上层建筑对经济基础具有反作用。社会主义的本质要求是全体成员共同富裕。习近平总书记指出："虽然物质生产是社会生活的基础，但上层建筑也可以反作用于经济基础，生产力和生产关系、经济基础和上层建筑之间有着十分复杂的关系，有着作用和反作用的现实过程，并不是单线式的简单决定和被决定逻辑。"③西方式现代化道路遵循的是单线式的资本运动规律。中国式现代化以资本运动的客观规律和"以人民为中心"的价值取向的辩证统一作为现代化实践的现实原则，与西方式现代化划定了原则性界限。

---

① 李冉：《深刻认识和把握以人民为中心的发展思想》，《马克思主义研究》，2017 年第 8 期。

② 《邓小平文选》（第三卷），人民出版社，1993 年，第 172 页。

③ 习近平：《坚持历史唯物主义不断开辟当代中国马克思主义发展新境界》，《求是》，2020 年第 2 期。

三、国家逻辑:作为世界历史性存在的民族国家的全新选择

现代化是人的现代化,是在国家框架下的人的现代化。针对有学者提出的"政治制度和经济发展之间并没有明确的关系,或者根本就没有关联"[①]的错误认知,中国式现代化的成功实践告诉我们,现代化不仅是经济的现代化,更是国家的现代化。中国式现代化以"社会主义现代化"建构起历史规律与主体价值内在统一的国家逻辑。正是在这一国家逻辑之下,中国共产党领导人民成功走出中国式现代化道路,为那些既希望加快发展又希望保持自身独立性的国家和民族提供了成功经验,丰富了实现现代化的道路选择,为人类文明进步做出了重大贡献。

(一)马克思主义政治经济学批判中的国家逻辑

从马克思和恩格斯对资本主义的批判向整个世界历史转变的思想发展进程来看,马克思主义政治经济学批判的视野已经逐渐从单一的资本逻辑或生产逻辑拓展到国家逻辑。在《〈政治经济学批判〉序言》中,马克思交代了自己考察资产阶级经济制度的顺序:资本、土地所有制、雇佣劳动,国家、对外贸易、世界市场。其中,前三个范畴由资本逻辑主导,后三个范畴由国家逻辑主导。这里,马克思主义政治经济学面临的一个基础性问题是回答国家的本质。

通常而言,国家范畴看上去是一种政治现象。但实际上,它是一个政治经济

---

① [瑞士]吉尔伯特·艾蒂安:《反潮流发展战略》,李书红译,社会科学文献出版社,2010年,第4页。

学问题,它"根源于物质的生活关系,这种物质的生活关系的总和,黑格尔按照18世纪的英国人和法国人的先例,概括为'市民社会',而对市民社会的解剖应该到政治经济学中去寻求"①。这里,国家的本质不是洛克、霍布斯口中的通过契约形式建立政治联盟,也不是黑格尔所谓的"国家是世界历史在尘世中的实现"②,而是市民社会的典型表现。

当然,对国家问题的讨论贯穿于17世纪至19世纪国民经济学的整个发展进程。其中有代表性的是以斯密为代表的世界主义经济学和以李斯特为代表的"真正的政治经济学"③。他们的观点主要围绕"国家是否是世界贸易政策的对立面"而展开。这里,马克思和恩格斯认为,斯密的国家学说从本质上讲是一种建立在利己主义基础上的自由主义政策,他对国家的考察忽视了物质生产因素,没有看到自由贸易是国家对外扩张的一种手段,没有看到国家与全人类的区别,更没有看到个人和国家的区别。相较于斯密,李斯特更进了一步,他认识到"人们可以读到的政治经济学方面的最好的书就是现实生活。……我提出了一个尽管可能仍有缺陷的学说,但这个结果并不是建立在空洞的世界主义基础之上的,而是以事物的本质、历史教训和国家需要为依据的"④。虽然李斯特在国家基础上建构的政治经济学是从资本主义现实出发,并把握住了国家的发展状况,但究其本质却是一种民族主义。他的这种对外贸易政策从个别国家出发,长远来看不利于维护世界市场的和谐发展。同时,他认为自己的学说深入到了历史的本质当中,但是这种历史的本质只是建立在个别国家的现实之上,他并没有深入到世界历史的本质而得出世界市场的发展趋势与世界历史的未来走向

---

① 《马克思恩格斯文集》(第二卷),人民出版社,2009年,第591页。

② 《黑格尔全集》(第二十七卷)第Ⅰ分册,《世界史哲学讲演录:1822—1823》,刘立群等译,商务印书馆,2014年,第7页。

③ "真正的政治经济学"实质是一种以保护本国民族工业为目的的政治经济学。

④ [德]弗里德里希·李斯特:《政治经济学的国民体系》,陈万煦译,商务印书馆,2017年,第7~8页。

内在一致的结论。与斯密和李斯特相比，马克思和恩格斯从现实的物质生产出发，揭露了国家的本质体现为一种经济关系。政治经济学从本质上说，是一门反映社会现实的历史科学，是"研究人类社会中支配物质生活资料的生产和交换的规律的科学。……人们在生产和交换时所处的条件，各个国家各不相同，而在每一个国家里，各个世代又各不相同"①。正是在这个意义上，马克思和恩格斯将政治经济学定义为一门揭示社会现实并反映生产状况和交往关系的历史科学。从历史科学的角度来看，如果仅仅将政治经济学狭隘地理解为一种斯密式的私人经济学或李斯特式的民族主义政治经济学，是不符合世界历史发展走向的。换言之，马克思主义政治经济学揭示资本主义国家逻辑的目的是突破它的界限，从资本主义世界历史走向共产主义世界历史。

（二）现代化在世界历史进路中的辩证特性

世界历史是由东西方民族构成的一个整体。站在世界历史的高度，马克思对现代化问题的关注始终着眼于西方发达国家与东方落后国家的整体性互动之中，特别是以发达国家作为参照物来研究落后民族国家的现代化道路应该如何走的问题。

马克思和恩格斯在 19 世纪 70 年代后开始关注东方社会，其考察重心从西欧发达国家开辟世界历史到东方落后国家被迫卷入世界历史进程后的出路，从西方带动东方的革命设想到在跨越资本主义"卡夫丁峡谷"理论中关注东方社会的革命道路问题。这一考察视角的变化为列宁后来进行社会主义革命实践提供了科学方法论。

---

① 《马克思恩格斯选集》（第三卷），人民出版社，2012 年，第 525 页。

随着世界市场在各民族国家的广泛铺展,西欧发达国家展开对东方社会的殖民掠夺之路。由于每个国家的历史文化背景不同,资本主义发展程度不同,实际发展过程中总会不可避免地表现出一些特殊规律。针对俄国的情况,马克思和恩格斯曾经进行了跨越"卡夫丁峡谷"的可能性分析;针对印度的情况,他们提出改变亚洲的社会状态应是进行一场根本的革命;针对中国的情况,他们认为如果中国能够突破古老帝国的束缚,就可以看到"亚洲新纪元的曙光"。[1]比如,马克思以中国为例,深刻指出了资本的对外扩张和世界市场的空间拓展将中国卷入资本主义世界历史的发展进程之中,由于资本主义生产方式对后发国家的殖民掠夺,其导致的结果是中国革命的爆发将会影响其他国家,在全球化的辐射下产生一系列连锁效应。"普遍危机一扩展到国外,紧接而来的将是欧洲大陆的政治革命。"[2]就革命的意义而言,中国革命(也包括俄国革命)要回答的是跨越"卡夫丁峡谷"的道路选择问题,即如何进行一场能够"跨越"资本主义的剥削统治及其社会制度的革命,从而探索出东方社会独特的解放路径。这里,新的生产方式和交往关系的发展为处于世界历史进程中的中国或俄国革命道路的主观能动选择和科学社会主义理论的创新提供了广阔空间,并直接构成了列宁运用世界历史转变的革命辩证法,对俄国现实进行创造性历史实践的理论依据。

跨越"卡夫丁峡谷"问题是马克思晚年思考东方国家社会道路选择的理论成果,其一方面论证了社会主义革命道路的多样性,另一方面也强调了现代化发展道路的非线性特征。特别是对落后民族国家而言,找寻现代化之路就不得不考虑一个极为突出的问题,即资本逻辑与各个民族国家的关系。对发达国家来说,资本逻辑与各个民族和国家的勾连符合其自身利益,即"通过其所掌握的

---

① 参见《马克思恩格斯文集》(第二卷),人民出版社,2009 年,第 628 页。

② 《马克思恩格斯文集》(第二卷),人民出版社,2009 年,第 612 页。

已经建立起来的以国家机器为基础的统治权来进一步促进其经济目标"①。现代社会创造了一种以资本为主的高效剥削方式,创造了生产和交往全面发展的空间,世界范围内的落后民族国家被迫成为服务于资本主义经济链条中的一环。"作为资本主义生产世界发展的中介或环节,民族之间交往活动本身就是资本主义的生产、消费、分配和交换的调节和重构运动。"②在资本主义现代化模式下,资本主体的绝对统治成为现代化的根本特征。资本越在全球范围内到处游走,各个民族国家的内在文化及其价值观就越有被同化的风险。在这一情形下,外来因素会对一个后发民族国家的现代化发展道路产生重要影响。资本主义生产方式的世界扩张带来的必然结果是资本主义经济因素和政治因素在落后民族国家的萌芽与发展,并在此过程中孕育出不受西方发达资本主义国家控制的落后民族国家内部独立发展的条件。

正是现代化在世界历史进路中表现出的辩证特性,列宁将当时俄国所处的位置称为是帝国主义链条当中的"薄弱的一环"。这一"薄弱的一环"就蕴藏着摆脱西方式现代化获得经济和政治独立的现实性和可行性,体现了落后民族和国家主体在世界历史进路中的能动作用。亨廷顿就曾在反思西方文明模式时指出:"现代化并不一定意味着西方化。非西方社会在没有放弃它们自己的文化和全盘采用西方价值观、体制和实践的前提下,能够实现并已经实现了现代化。"③无论是发达国家还是落后民族国家,生产方式与民族交往关系的发展从根本上决定了其现代化发展路径势必具有一定的差异性,这一差异性恰恰是民族和国家内部文化、历史等上层建筑因素对经济基础影响的直接反映。这表明,作为世

---

① [英]安东尼·吉登斯:《历史唯物主义的当代批判》,郭忠华译,上海译文出版社,2010年,第193页。

② 何萍:《马克思主义世界历史理论中的决定论与非决定论——关于马克思、卢森堡、列宁的一个比较研究》,《哲学研究》,2008年第3期。

③ [美]塞缪尔·亨廷顿:《文明的冲突与世界秩序的重建》,周琪等译,新华出版社,1998年,第70页。

界历史性存在的民族国家具有选择现代化模式的自主性,进一步论证了现代化道路选择的多样性。

(三)从世界历史转变的革命辩证法看资本主义向社会主义的飞跃

20世纪的世界历史是由帝国主义主导的。资本主义由自由竞争发展到垄断竞争即帝国主义阶段,形成了新的世界历史格局和社会主义革命形势,展现了世界历史转变过程中普遍性与特殊性共存的革命辩证法,为实现资本主义向社会主义的飞跃提供了时代条件与现实土壤。

从世界历史转变的普遍性来看资本主义向社会主义的飞跃,世界历史的发展趋势孕育着社会主义国家产生的历史机遇。"在许多想以社会主义者自居的人看来目前情况十分独特,因为他们惯于抽象地把资本主义同社会主义对立起来,而又在两者之间意味深长地加上一个词:'飞跃'(有些人想起从恩格斯著作中看到的片言只语,作了更加意味深长的补充:'从必然王国进入自由王国的飞跃')。'在书本上读过'社会主义,却从来没有认真加以钻研的大多数所谓社会主义者,都认识不到:社会主义的导师们是从全世界历史上的转变这个角度把那种突然转折称之为'飞跃'的。"[1]如前所述,社会主义国家产生的契机在于它能否以"生产力的普遍发展"和"世界交往的普遍发展"为前提,在获得资本主义肯定成果的基础上实现社会制度的跨越式发展。

从世界历史转变的特殊性来看资本主义向社会主义的飞跃,社会主义道路的探索遵循理论与实践的统一,要在革命辩证法中把握新道路的特点。"在一个农民人数相当可观的国家中,社会主义革命和从资本主义到社会主义的过渡,

---

[1] 《列宁专题文集·论社会主义》,人民出版社,2009年,第111~112页。

必然要采取特殊的形式。"①这一"特殊的形式"是在马克思主义理论的指导下，列宁作出的社会主义可能在一国或数国取得胜利的设想。基于帝国主义时代世界体系内部矛盾运动和地域发展不平衡的影响，经济文化相对落后的俄国通过第一次世界大战提供的特定历史机遇，以民族形式展开了反帝国主义的革命运动，使社会主义革命首先在帝国主义的薄弱环节取得胜利，从而确立了社会主义制度，建立了世界上第一个社会主义国家，开创了人类历史的新纪元。正如列宁指出的那样，十月革命开辟了"两个具有世界历史意义的时代，即资产阶级时代和社会主义时代，资本家议会制度时代和无产阶级苏维埃国家制度时代的世界性交替的开始"②，人类社会自此进入从资本主义社会向社会主义社会过渡的崭新时代。毛泽东也认为："从此以后，开始了第二种世界革命，即无产阶级的社会主义的世界革命。"③在马克思列宁主义的影响下，我国产生了中国共产党。中国共产党领导的社会主义革命成为世界无产阶级革命的重要组成部分。

从资本主义向社会主义的过渡是一次具有世界历史意义的伟大飞跃。社会主义国家的出现打破了资本主义一统天下的局面，开启了与资本主义世界历史长期共存、长期竞争的社会主义世界历史阶段。作为资本主义的世界历史性存在只是为人的解放创造出必要的前提条件，作为社会主义的世界历史性存在则为实现人的解放提供了更为现实的制度与实践基础。

（四）发展现代化的出路在于坚持独立自主

现代化是由西方国家主导的，但并不为西方国家专属。现代化的发展方向

---

① 《列宁全集》（第35卷），人民出版社，1985年，第202~203页。

② 《列宁全集》（第36卷），人民出版社，1985年，第208页。

③ 《毛泽东选集》（第二卷），人民出版社，1991年，第671页。

不可逆转,但现代化的道路可以选择。如何在百年未有之大变局的世界历史阶段性转换中,在新兴市场国家和一大批发展中国家快速发展、国际影响力不断增强的新机遇中,选择适合本民族和各个国家的现代化路径,而不是一味地顺从资本主义国家的世界市场逻辑,成为摆在民族国家面前的一项刻不容缓的时代课题。在现代化的出路问题上,各个民族和国家要在推进世界历史性事业中坚持独立自主。

　　坚持独立自主是各个民族国家发展现代化的基本遵循。马克思认为,民族独立是一个民族国家发展的先决条件。他在《不列颠在印度的统治》中提道:"印度人失掉了他们的旧世界而没有获得一个新世界,这就使他们现在所遭受的灾难具有一种特殊的悲惨色彩。"①印度之所以没有获得一个新世界,原因是印度无法实现民族独立。恩格斯进一步指出,一个民族"只有当它作为一个独立的民族重新掌握自己的命运的时候,它的内部发展过程才会重新开始"②。解决民族和国家的现代化出路问题,就是要从根本上思考民族独立性与现代化的关系。我国著名的马克思主义理论家胡绳曾指出:"所谓一代比一代前进,至少有一个标志就是民族独立问题,在独立的前提下来发展现代化。"③这个独立问题亦可理解为国家的自主性问题。这种自主性立足社会文明形态的多样性。事物总是处于不断发展变化之中,不同国家的国情、不同的社会文明形态以及历史生成的多样性,决定了不同国家的路径选择不可避免地带有民族特色和文化烙印。正如习近平总书记所言:"独立自主是我们党从中国实际出发、依靠党和人民力量进行革命、建设、改革的必然结论。"④即是说,把民族国家发展进步的命运始

---

① 《马克思恩格斯文集》(第二卷),人民出版社,2009 年,第 679 页。

② 《马克思恩格斯全集》(第 18 卷),人民出版社,1964 年,第 630 页。

③ 转引自石仲泉:《胡绳未完成的三个课题》,《北京日报》,2021 年 4 月 12 日。

④ 《十八大以来重要文献选编》(上),中央文献出版社,2014 年,第 698 页。

终掌握在自己手中,在政治、经济、文化和外交上坚持自主发展,牢牢把握发展的主动权,坚决反对霸权主义和强权政治。说到底,就是要确立民族国家在现代化发展中的主体意识。反观一些发展中国家为什么步履维艰,拉美国家为什么陷入"中等收入陷阱",其原因大致是因为在发展过程中失去了"自我",是在发展的一定时期陷入了西方式现代化的陷阱,而没有依照本国历史文化的特色进行符合本国实际的社会制度变革。从这个意义上来说,现代化离不开主体性,现代化应该是符合社会进步和人的全面发展趋势的现代化。同样地,这种现代化离不开民族性,民族性又不能脱离世界性。狭隘的民族主义是不利于现代化的发展的,实现民族文化的创造性转化并将其融入人类文明成果,致力于确立一种与世界大变局相适应的新文明是全世界的明智选择。

(五)中国式现代化的百年探索

1.中国式现代化是社会主义革命、建设与改革的历史成果

中国式现代化是中国共产党带领全国各族人民在长期探索和实践中取得的历史成果。中国共产党在社会主义建设的探索和实践中逐渐确定了现代化的社会主义方向,确定了中国发展的目标是建设现代化强国和实现中华民族伟大复兴。

如何走向社会主义? 这是中国共产党面临的第一个重大历史课题。以毛泽东同志为主要代表的中国共产党人根据当时中国的现实情况,选择了一条别人没有走过的道路,那就是农村包围城市、武装夺取政权的革命道路。新民主主义革命的胜利,党带领人民建立了新中国,为实现现代化创造了根本社会条件。

如何由新民主主义过渡到社会主义? 这是中国共产党面临的第二个重大历史课题。针对这一问题,毛泽东同志提出对农业、手工业和资本主义工商业进行

改造,称为"社会主义三大改造",确立了社会主义基本制度,逐步完成了由新民主主义向社会主义的过渡。中国共产党带领人民推进社会主义建设,为现代化建设提供宝贵经验、理论准备和物质基础。

如何进行社会主义现代化建设? 这是中国共产党面临的第三个重大历史课题。在改革开放和社会主义建设新时期,以邓小平同志为主要代表的中国共产党人根据社会主义初级阶段的基本国情,带领人民进行改革开放,确立了"一个中心,两个基本点"的基本路线,明确了建设和发展社会主义的方向、原则和目标,为中国式现代化提供了充满新的活力的体制保证和快速发展的物质条件。以江泽民同志为主要代表的中国共产党人带领全党全国人民继承、发展了社会主义现代化道路,将其成功推向 21 世纪。以胡锦涛同志为主要代表的中国共产党人在世情、国情、党情发生深刻变化的情况下,科学应对国际国内风险考验,适时提出"科学发展观""构建社会主义和谐社会"等重大战略思想,把社会主义现代化道路继续推向前进。

新时代如何不断拓展和深化社会主义现代化建设? 这是中国共产党面临的第四个重大历史课题。党的十八大以来,以习近平同志为核心的党中央继续坚持和发展中国特色社会主义,准确把握我国社会主要矛盾的变化,追求"五大文明"的相互协调、共同发展,坚持以人民为中心的发展思想,开启了全面建设社会主义现代化国家、实现第二个百年奋斗目标的新征程,为中国式现代化提供了更为完善的制度保证、更为坚实的物质基础和更为主动的精神力量。

实践证明,中国式现代化既是一条强国建设和民族复兴之路,又在保证"经济的社会形态"的发展同时展现了现代化的另一种选择,为人类探索更好的社会制度提供了中国方案。

2.中国式现代化是"两个结合"不断推进的历史成果

中国式现代化是马克思主义科学理论同中国具体国情相结合的产物。从毛泽东在党的六届六中全会上提出"马克思主义中国化",到后来的邓小平在党的十二大上提出"建设有中国特色的社会主义"以来,中国革命和建设道路的开辟始终没有离开过马克思主义的科学指导。马克思说过:"理论在一个国家实现的程度,总是取决于理论满足这个国家的需要的程度。"①只有把理论具体化为道路的选择,解决历史发展过程中存在的问题,才能表明这一理论是能够满足需要的。毛泽东在《实践论》和《矛盾论》中提出,真理应该是理论与实践达到具体的历史的统一,突出强调辩证法的精髓是掌握矛盾共性和个性的关系。他还指出,马克思主义中国化"就是要使马克思列宁主义这一革命科学更进一步地和中国革命实践、中国历史、中国文化深相结合起来"②。这一"中国化"和"化中国"的过程体现了其尊重中国历史发展的特殊性和马克思主义的普遍性这一双向运动规律。同样,面对马克思主义经典著作和苏联历史经验中没有遇到的社会主义建设过程中出现的新问题,邓小平强调了解放思想的必要性。他认为:"一个党,一个国家,一个民族,如果一切从本本出发,思想僵化,迷信盛行,那它就不能前进,它的生机就停止了,就要亡党亡国。"③"不解放思想不行,甚至于包括什么叫社会主义这个问题也要解放思想。"④邓小平在领导改革开放的伟大实践中,不仅强调要解放思想,实事求是,更强调要学会抓住机遇,勇于探索,争取走出一条新路。

进入 21 世纪以来,从实践探索符合中国国情的社会主义道路到从理论上形成中国式现代化理论体系,中国共产党人始终强调坚持科学社会主义的基本原则不能变。正如习近平所言:"独特的文化传统,独特的历史命运,独特的国

---

① 《马克思恩格斯选集》(第一卷),人民出版社,1995 年,第 11 页。

② 《毛泽东文集》(第三卷),人民出版社,1996 年,第 23 页。

③ 《邓小平文选》(第二卷),人民出版社,1994 年,第 143 页。

④ 同上,第 312 页。

情,注定了中国必然走适合自己特点的发展道路。我们走出了这样一条道路,并且取得了成功。"①因此,在新时代,不论中国式现代化怎么拓展和深化,都要更好地做到科学社会主义理论逻辑和中国社会发展历史逻辑的辩证统一。

中国式现代化是马克思主义科学理论同中华优秀传统文化相结合的产物。中华优秀传统文化是中国式现代化的文化根基。无论是中国的过去、现在还是将来,都不可回避传统文化的巨大影响和作用。社会主义道路的选择传承传统文化之精髓,在立足中华文明五千年历史的基础上,走出了一条具有传统文化特色的中国式现代化道路。众所周知,文化是人类在长期的实践中形成的社会现象,是人类集体智慧的结晶。中国革命、建设和改革发展所走的特殊道路,彰显了中华民族厚德载物、自强不息的文化特性和修身、齐家、治国、平天下的文化修养,这也使得中国的立国、建国和兴国之路能够突破别国模式的局限,具有鲜明的民族特色。事实已经证明,中华民族在过去的五千年创造了人类历史上辉煌灿烂的中华文明,形成了具有浓厚民族特色和强大生命力的传统文化。如果没有中国传统文化为精神支撑,中国道路就是无源之水和无本之木。因此,中国共产党作为中国式现代化的探索者和实践者,要继续深入挖掘中华民族的优秀文化,不断增强中国式现代化的文化底蕴,共同创造属于我们这个时代的新文化,建设中华民族现代文明。

"和合"是中华文化最核心的内在精神标志。以孔子"和为贵"为代表的中华和合精神体现了民族精神和生命智慧的结合,这种"和合"思想形成了独具魅力的中华文明,影响了中国道路的选择。以人伦关系为主轴的"和合"价值观和行为追求,是中华民族传统文化的重要特征。它注重强调人与自然、人与社会、人与他人和人与自身的和谐共在,是中国特色社会主义道路得以健康、持续、稳定

---

① 习近平:《在布鲁日欧洲学院的演讲》,《人民日报》,2014 年 4 月 2 日。

发展的保证。以"和合"文化审视中国共产党领导人民探索出的中国式现代化这一重大成果，还体现了中国共产党胸怀天下的世界情怀，映衬出各国各民族发展道路的多样性，从而更加凸显了人类文明发展的多形态。

（六）中国式现代化走出了一条"自己的路"

中国式现代化改变了"东方从属于西方"的世界格局，坚持了社会主义的基本方向，走出了一条"自己的路"。"各国完全可以走出自己的路"是中国式现代化为那些既希望加快发展又希望保持自身独立性的国家和民族提供的现代化经验。对我国而言，"走自己的路"就是坚持和发展中国特色社会主义。在庆祝中国共产党成立 100 周年大会上的讲话中，习近平总书记庄严指出："走自己的路，是党的全部理论和实践立足点，更是党百年奋斗得出的历史结论。"[①]

第一，中国式现代化之"新"体现在，中国共产党找到了一条民族独立与发展生产力相统一的道路。自鸦片战争以来，我国现代化的发展深受外来因素的影响，其发展模式具有一定的外生性。新中国成立后，中国共产党面临恢复生产和发展生产力的迫切任务，逐步在政策目标上提出"四个现代化"。改革开放以来，邓小平明确提出要"走出一条中国式的现代化道路"。进入新时代以来，这一顶层设计的"现代化"与制度层面的"社会主义"、中华民族伟大复兴的目标与中国社会的发展道路实现了新的结合，这一新的结合规定了中国式现代化的基本方向。通过"走自己的路"，中国特色社会主义形成了"五位一体"的整体推进方式及更具自主性和原创性的发展与治理模式，创造了经济快速发展和社会长期稳定的两大奇迹。

[①] 习近平：《在庆祝中国共产党成立 100 周年大会上的讲话》，《人民日报》，2021 年 7 月 2 日。

第二,中国式现代化之"新"体现在,立足"两个大局",中国共产党提出了"为民族谋复兴"和"为世界谋大同"的"两大使命"。简单来说,"两个使命"致力于解决民族国家发展与世界共同发展的不协调问题。现代化意味着文明的进步。现代化的成功之处首要的是将生产力发展水平扩展到前所未有的高水平境界。正如马克思所言:"只有在社会生产力发展到一定程度,发展到甚至对我们现代条件来说也是很高的程度,才有可能把生产提高到这样的水平,以致使得阶级差别的消除成为真正的进步,使得这种消除可以持续下去,并且不致在社会的生产方式中引起停滞甚至倒退。"①但是世界大同不是仅靠发展生产力就能达到的,我们应该将人的全面发展作为一项未完成的现代性事业,不断完善当今世界各国之间的交往关系,关注人类的共同未来与历史命运,在互鉴交流中缔造了"各美其美、美美与共"的世界文明百花园。"两大使命"的深层价值意蕴在于,以原子化个人和私人利益为中心的思想正在逐渐转向人类本位和类意识,突出人类的整体利益成为大势所趋。因为民族利益与世界利益的问题从狭隘的意义上说也是个人利益与共同体利益的问题。在此情形下,克服世界与民族、个人与社会的抽象性关系,就必须超越人的利己主义倾向,确立与人类生存状况相适应的类主体意识,以天下关怀重塑世界秩序,发展更具包容性和普惠性的新文明形态。

就此而言,中国式现代化正是在中国共产党的全面领导下,在充分发挥社会主义制度的优势下,关照本国与世界的双向互动,遵循现代化的一般发展规律而走出的一条自己的路。"走自己的路"是对人类新的生存方式和解放之路的积极探索,体现了中国共产党的责任担当与世界情怀。

---

① 《马克思恩格斯文集》(第三卷),人民出版社,2009年,第389页。

结　语

中国式现代化是由中国共产党领导的一场以"为人民谋幸福、为民族谋复兴、为世界谋大同"为目标的现实运动,它在世界历史进路中超越了西方式现代化道路,拓展了发展中国家走向现代化的途径,彰显了中国特色的文明意蕴。中国式现代化的世界历史进路表明,现代化的发展形态是历史规律、主体价值和国家制度相互作用与内在融合的结果,蕴含着从中国社会主义建设规律到人类社会发展规律的认识提升,彰显了马克思主义的实践精神和 21 世纪人类文明进步的发展逻辑。对于中国式现代化的理论与实践来说,它意味着一种新文明形态的开启,其世界历史意义正在逐步彰显。

第三章　中国式现代化
推动了世界历史的道路转向

中国式现代化解决了东方国家在建立社会主义制度后如何跨越"卡夫丁峡谷"的世界性难题,是科学社会主义的重大创新成果。马克思晚年提出的跨越"卡夫丁峡谷"的理论创见,在唯物史观原则下对跨越的条件和社会性质作出了一般性说明。在跨越"卡夫丁峡谷"的社会主义规定中,中国特色社会主义将跨越的手段上升为社会主义现代化问题,将"经济的社会形态"能否跨越作为原则性界限,将生产力与生产关系的矛盾运动作为跨越的内在规律,将现实的人作为跨越的社会主体。在遵循现代化的一般规律与开创现代化的中国实践中,中国式现代化展现出社会主义现代化的可行性、优越性和超越性,推动了世界历史的道路转向。

一、跨越"卡夫丁峡谷"与世界历史进程中的道路选择

（一）研究缘起

从以往取得的丰硕研究成果来看,学界对"卡夫丁峡谷"跨越论的研究已经走出理论本身的争论,在回应现实问题中达成了诸多共识。比如,从跨越资本主义制度、跨越资本主义发展阶段和跨越资本主义生产方式等不同角度,来理解什么是跨越"卡夫丁峡谷";从跨越的前提(充分利用资本和世界市场、保持自身的独立性和联合的行动等)、跨越的结果(进入以公有制为主体的社会)等内容,诠释跨越"卡夫丁峡谷"的方式与方法;从中国特色社会主义的制度优势和发展路径上提供跨越"卡夫丁峡谷"的中国方案。这些都为我们理解"卡夫丁峡谷"跨越论提供了宝贵的思想资源。不过,在以往的研究中,我们一般都重点论述跨越"卡夫丁峡谷"的必要性和跨越的条件,而忽视了跨越的手段。中国式现代化这一重大命题的提出,使得我们对如何真正跨越"卡夫丁峡谷"和科学社会主义的先进本质有了更加清楚的认识,对中国特色社会主义的重大历史意义有了更加深刻的理解。在今天,讲好中国式现代化对资本主义"卡夫丁峡谷"的历史性超越,有助于我们在构建中国式现代化理论体系中更好地续写"卡夫丁峡谷"跨越论,更好地更新科学社会主义的理论与实践,从而更好地推动 21 世纪马克思主义的发展。

（二）何谓跨越"卡夫丁峡谷"之问？

在 19 世纪资本主义开辟世界历史的阶段，马克思和恩格斯根据世界历史的辩证特性及其发展趋势，在东方社会①的具体语境中产生落后国家可以跨越资本主义制度的"卡夫丁峡谷"，走不通过资本主义发展路径的理论构想。这一理论构想的创见在于，他们对如何走不被资本裹挟，不受资本主义控制，但又能超越资本主义生产关系的社会主义道路进行了方向性探索。

按照马克思的原初理解，跨越"卡夫丁峡谷"之问指的是：如何在俄国农村公社和"控制着世界市场的西方生产同时存在"的条件下，"使俄国可以不通过资本主义制度的卡夫丁峡谷，而把资本主义制度所创造的一切积极的成果用到公社中来"②。在什么是跨越"卡夫丁峡谷"的问题设定下，马克思和恩格斯进一步对跨越"卡夫丁峡谷"的条件和社会性质作出了一般性规定。

第一，注重吸收和占有资本主义制度创造的一切积极成果，包括先进的生产力、管理方法和技术成果等，为探索更高级的社会发展形式和社会主义道路提供物质性内容。面对俄国如何跨越资本主义制度的"卡夫丁峡谷"，从而"为他们的祖国寻找一条不同于西欧已经走过而且正在走着的发展道路"③，马克思提供的解决思路是，在资本主义生产方式主导的大工业时代，由于世界市场的建立，资本在全球范围内四处游走，东方社会中的原初自然经济结构被打破。落后国家通过利用世界市场与资本主义国家进行经济交往，从而获得同时代的资本

---

① 东方社会不只是一个地理概念，更是一个政治经济学概念，指与西欧发达资本主义社会相对应的民族或国家。

② 《马克思恩格斯文集》（第三卷），人民出版社，2009 年，第 575 页。

③ 同上，第 463 页。

主义生产力水平,就成为东方社会进行跨越的客观条件。

第二,在与"控制着世界市场的西方生产同时存在"的条件下,东方社会要保持民族发展的独立性,特别是保存农村公社的公有制特征,为跨越资本主义"卡夫丁峡谷"提供一个明确的经济制度规定。以当时的俄国为例,"俄国'农村公社'可以通过发展它的基础即土地公有制和消灭它也包含着的私有制原则来保存自己;它能够成为现代社会所趋向的那种经济制度的直接出发点,不必自杀就可以获得新的生命"①。在世界历史的实践场域中,东方社会根据自己所处的独特而又具体"历史环境"来寻找适合自己的社会发展模式,有一个重要的前提预设是,它们要以不同于资本主义的生产方式来进行社会生产。正是因为俄国"农村公社"具有生产资料公有制的特征,使得跨越"卡夫丁峡谷"具有一个明确的社会基础,这可以成为建立现实的社会主义经济制度的"直接出发点"。

第三,为了实现资本主义发达生产力和俄国革命的结合,必须有一个主观条件,即欧洲社会主义革命。马克思和恩格斯对资本主义过渡到社会主义的道路选择坚持的是一种"同时革命"的观点。恩格斯在《〈论俄国的社会问题〉跋》和《共产党宣言》俄文版序言中分别提道:"对俄国的公社的这样一种可能的改造的首创因素只能来自西方的工业无产阶级,而不是来自公社本身。"②"假如俄国革命将成为西方无产阶级革命的信号而双方互相补充的话,那么现今的俄国土地公有制便能成为共产主义发展的起点。"③这说明,俄国公社虽然具备一定的社会公有制特征,但公社的改造不是靠自身,而要靠西方工业无产阶级或欧洲社会主义革命。与此同时,我们还发现,跨越"卡夫丁峡谷"之间设想了一条不同于《资本论》指明的社会主义产生和发展的道路。马克思的《资本论》于 1872 年

---

① 《马克思恩格斯文集》(第三卷),人民出版社,2009 年,第 576 页。

② 《马克思恩格斯文集》(第四卷),人民出版社,2009 年,第 457 页。

③ 《马克思恩格斯文集》(第二卷),人民出版社,2009 年,第 8 页。

在俄国出版,在当时的俄国思想界引发激烈争论。他们争论的焦点集中在如何理解资本积累的一般规律。即是说,资本主义发展阶段是不是一个"既不能跳过也不能用法令取消自然的发展阶段"①? 马克思后来在《给〈祖国纪事〉杂志编辑部的信》中明确了资本主义发展阶段是可以跨越的。但是随着资本逻辑主导下资本主义的全球扩张和世界市场的开辟,东方社会不得不受铁一般的规律即资本积累一般规律的支配。要想打破受资本积累一般规律主导的世界历史的束缚,东方社会可以在西欧无产阶级革命的支持和帮助下,通过社会革命的形式重新占有生产资料,并通过利用资本主义发达生产力的成果,缩短进入社会主义的历史进程。这种各文明国家相互支持而进行的欧洲社会主义革命,在一定程度上也是无产阶级获得解放和跨越以资本积累为特征的生产方式的一条可能性路径。

总的来说,马克思和恩格斯从理论上提供了跨越"卡夫丁峡谷"的社会主义设想,对跨越"卡夫丁峡谷"的条件和社会性质进行了一般性规定。这些一般性规定与唯物史观的呈现方式相契合,内含着深刻的方法论原则,体现出历史发展的变动性和社会形态更替的复杂性特点。正如恩格斯所言:"每一种特定的经济形态都应当解决它自己的、从它本身产生的问题;如果要去解决另一种完全不同的经济形态的问题,那是十分荒谬的。"②在 20 世纪的上半叶,俄国十月革命和中国革命的胜利使马克思跨越"卡夫丁峡谷"的设想变成了现实,但是列宁、毛泽东只是完成了设想的一半,建立了社会主义制度;而设想的另一半,或是更重要的另一半,即东方国家如何在建立社会主义制度以后进行社会主义建设,如何在具体的历史情境中找到跨越资本主义生产方式的发展道路还有待破解。这一亟待破解的世界性难题是发展"卡夫丁峡谷"跨越论的关键,更是中国

---

① 《马克思恩格斯文集》(第五卷),人民出版社,2009 年,第 10 页。
② 《马克思恩格斯文集》(第四卷),人民出版社,2009 年,第 458~459 页。

式现代化出场的"问题意识"。

二、中国式现代化何以破解了跨越"卡夫丁峡谷"之问

习近平总书记在党的二十大精神研讨班开班式上明确提道："概括提出并深入阐述中国式现代化理论，是党的二十大的一个重大理论创新，是科学社会主义的最新重大成果。"[①]在今天，中国式现代化的理论和实践都达到了一个新的高度。综观社会主义的发展历程可知，实现资本主义向社会主义的过渡是马克思主义学说的重要内容，也是马克思主义以后的思想家和实践者孜孜以求的目标。在关照两制关系的发展走向时，重温马克思当年的伟大设想——跨越"卡夫丁峡谷"就成了一种历史回应。从中国式现代化的视野再次审视跨越"卡夫丁峡谷"的意义就在于，作为科学社会主义的最新重大成果，中国式现代化在本质规定上超越了西方式现代化的老路，证实了从有待于吸收资本主义文明成果的"前资本主义"的社会形态跨越资本主义而进入社会主义是高度现实且可行的。

马克思和恩格斯在晚年关于东方国家的社会主义构想中，明确了跨越后的社会性质是社会主义，也在一定程度上明确区分了社会主义现代化与资本主义现代化。[②]因为同西方资本主义国家一样，东方国家进行社会主义建设的目标也是现代化。马克思和恩格斯留下来的如何进行社会主义建设的世界性难题在俄

---

① 《习近平在学习贯彻党的二十大精神研讨班开班式上发表重要讲话强调　正确理解和大力推进中国式现代化》，《人民日报》，2023 年 2 月 8 日。

② 俄国先进知识分子向马克思提出了更高级现代化的问题，"就是把现代化与资本主义化加以区分的问题，也就是松绑生产力与生产关系之间的联系，使资本主义制度创造的生产力脱离资本主义生产关系，直接与更先进的社会主义生产关系结合起来"。（余斌：《中国式现代化的政治经济学分析》，《经济纵横》，2023 年第 1 期。）

国没有最终走通。在我国,"探索中国现代化道路的重任,历史地落在了中国共产党身上"①。中国共产党领导全国各族人民在长期探索和实践中,在对社会主义的本质特征和现代化发展进程深刻把握的基础上,成功走出了一条超越资本逻辑、发展社会生产力的社会主义道路。需要强调的是,中国特色社会主义道路不是经过资本主义阶段而直接进入的社会主义,而是从有待于吸收资本主义文明成果的"前资本主义"的社会形态跨越资本主义而进入的社会主义。②对中国特色社会主义道路来说,它既要在坚持科学社会主义基本原则下,用一种新的生产关系来达到资本主义文明所达到的生产力高度;更要在坚持独立自主的前提下,用社会主义的制度优势解决资本主义文明所不能解决的问题。中国式现代化这一命题的提出表明:我国已经找到了一条跨越"卡夫丁峡谷"的社会主义道路,而且这条道路不仅为广大发展中国家独立自主迈向现代化树立了典范,更为人类实现现代化提供了重要借鉴经验。

跨越资本主义生产方式是"卡夫丁峡谷"跨越论的实质。在以往关于"卡夫丁峡谷"跨越论的研究中,我们容易将重点放在"跨越"一词,而忽视对"卡夫丁峡谷"本身的理解。如果从资本主义的经济运动规律而言,这里的"卡夫丁峡谷"不仅是指资本主义制度,还是一种以资本积累为特征的生产方式。"资本是一个过程,而不是一件东西。它是通过商品生产而再生产社会生活的一个过程,发达资本主义世界里的我们所有的人都深深地被卷入了其中。"③虽然马克思主要是

---

① 《习近平在学习贯彻党的二十大精神研讨班开班式上发表重要讲话强调　正确理解和大力推进中国式现代化》,《人民日报》,2023 年 2 月 8 日。

② "对于这种跨越资本主义的'卡夫丁峡谷'而建立起来的社会主义的主要特征,马克思没有作出详尽的论述。但有一点必须肯定,他将资本主义的基本矛盾尖锐化而导致的社会主义与跨越资本主义的'卡夫丁峡谷'而建立起来的社会主义严格地区别开来。"(陈学明:《中国道路为世界贡献了什么?》,天津人民出版社,2017 年,第 152~153 页。)

③ [美]戴维·哈维:《后现代的状况:对文化变迁之缘起的探究》,阎嘉译,商务印书馆,2003 年,第425 页。

在《资本论》中研究资本主义生产方式并得出科学社会主义的结论，但在交往普遍化的条件下，实现资本增殖并最终完成资本积累是资本主义生产的唯一目的。东方社会被迫卷入世界市场，成为资本主义的附庸。从跨越的理论角度而言，东方社会跨越"卡夫丁峡谷"的路径是通过跨越资本主义生产方式，摆脱对资本主义的依附，从而走出一条异于资本主义发展模式的新道路。从这个意义上来说，《资本论》和"卡夫丁峡谷"跨越论的实践路径不同，但发展方向一致。从跨越的实践角度来说，中国早期社会主义建设的曲折探索与苏联模式的失败说明：东方国家跨越后而建立的社会主义社会不是资本主义高度发展之后的"自然分娩"，而是在经济文化发展相对落后的情况下通过社会革命①的形式建立起来的"前资本主义"的社会主义。跨越"卡夫丁峡谷"后的社会主义国家依然存在"历史遗留"问题，简单来说，这一"历史遗留"问题就是如何摆脱资本主义现代化对自身的剥夺，用不同于资本主义现代化的方式来实现"经济的社会形态"的发展。

中国式现代化将"经济的社会形态"发展作为跨越的原则性界限。在中国共产党的百年探索中，党带领人民先后经历了新民主主义革命时期、社会主义革命和建设时期、改革开放和社会主义建设新时期以及中国特色社会主义新时代，在不断完善社会制度、筑牢物质基础和激发人民活力中开创了现代化的"中国式"。可以说，中国式现代化打破了"现代化＝西方化"的固有思维，为理解"卡

---

① 社会革命有广义和狭义之分。广义的社会革命是指在社会基本矛盾运动基础上的社会生活的全面变革，包括人与自然的关系、人与人的社会关系、思维方式、思想观念的重大变革。狭义的社会革命主要是指社会形态的变更，即新的社会形态取代旧的社会形态。马克思在《〈政治经济学批判〉序言》中对社会革命作了精辟的论述。他指出，生产力与生产关系、经济基础与上层建筑矛盾的进一步发展，必然会导致"社会革命"时代的到来，即导致经济基础的变更，进而导致全部庞大的上层建筑也或慢或快地发生变革。社会革命既是社会基本矛盾运动的结果，又是推动社会发展特别是社会形态更替的重要动力。因此，社会革命的实质是革命阶级推翻反动阶级的统治，用新的社会制度代替旧的社会制度，解放生产力，推动社会发展。

夫丁峡谷"跨越论提供了重要视角。根据马克思和恩格斯的原初设想,资本主义制度是可以直接跨越的。"俄国可以不通过资本主义制度的卡夫丁峡谷,而把资本主义制度所创造的一切积极的成果用到公社中来。"①从更深层次来看,资本主义作为现代化特定发展形式也是可以跨越的。但是作为一个"自然历史过程"的"经济的社会形态"②是不可以直接跨越的。"经济的社会形态"的发展是能否跨越的原则性界限。在《资本论》第一卷的第一版序言中,马克思明确表达了这一思想:"一个社会即使探索到了本身运动的自然规律——本书的最终目的就是揭示现代社会的经济运动规律——,它还是既不能跳过也不能用法令取消自然的发展阶段。但是它能缩短和减轻分娩的痛苦。"③这一"既不能跳过也不能用法令取消自然的发展阶段"指的不是资本主义发展阶段,而是"经济的社会形态"。这一不可跨越的"经济的社会形态"不是针对生产关系而言的,也不一定是由资本逻辑主导的,而主要是生产力的客观发展水平。中国特色社会主义在跨越"卡夫丁峡谷"的社会主义逻辑中,没有走上有些后发国家选择的依附型的现代化发展道路,而是立足中国国情,切合中国实际,走出了一条制度建构、物质积累和人的发展并重的现代化道路。历史地看,在新民主主义革命时期,党带领人民进行新民主主义革命,建立了新中国,为实现现代化创造了根本社会条件;在社会主义革命和建设时期,党带领人民进行社会主义革命,推进社会主义建设,为现代化建设提供宝贵经验、理论准备和物质基础;在改革开放和社会主义建设新时期,党带领人民进行改革开放,为中国式现代化提供了充满新的活力的体制保证和快速发展的物质条件;中国特色社会主义进入新时代,以习近平

---

① 《马克思恩格斯文集》(第三卷),人民出版社,2009年,第575页。

② 马克思所说的"经济的社会形态"实际上也就是社会形态。当然,马克思更加侧重于从"经济的社会形态"的角度谈论社会,特别是解释资本主义社会的经济运动规律。

③ 《马克思恩格斯文集》(第五卷),人民出版社,2009年,第9~10页。

同志为核心的党中央准确把握我国社会主要矛盾的变化,追求"五大文明"的相互协调、共同发展,坚持以人民为中心的发展思想,开启了全面建设社会主义现代化国家、实现第二个百年奋斗目标的新征程,为中国式现代化提供了更为完善的制度保证、更为坚实的物质基础和更为主动的精神力量。实践证明,中国式现代化既是一条强国建设和民族复兴之路,又在保证"经济的社会形态"发展的同时展现了现代化的另一种选择,为人类探索更好的社会制度提供了中国方案。

中国式现代化将生产力与生产关系的矛盾运动作为跨越的内在规律。中国共产党坚持社会主义,坚持独立自主发展社会生产力,带领人民成功走出中国式现代化道路,超越了以资本为中心的资本主义现代化模式。列宁充分肯定了马克思关于"经济的社会形态"是一个"自然历史过程"的重要论断。他进一步说道:"只有把社会关系归结于生产关系,把生产关系归结于生产力的水平,才能有可靠的根据把社会形态的发展看做自然历史过程。"[1]社会性质是由该社会占主导地位的生产关系直接决定的。生产力的发展水平是判断社会发展阶段的标准。一般来说,生产力可以划分为社会生产力和资本的生产力两种类型。资本的生产力是社会生产力的异化形式。马克思在《资本论》中特别指出,从严格意义上来说,资本不具有生产力,只有"在资本主义生产方式的基础上,这种无偿的自然力,像一切生产力一样,表现为资本的生产力"[2]。不容否认的是,在资本主义发展阶段,社会生产力在其异化形式中释放出了巨大的解放潜能,这为生产的社会化和社会的现代化准备了充分的物质条件。一般来说,我们所讲的生产的社会化与社会的现代化是同一个问题。现代化绝不仅仅是经济社会的现代化,而是由生产力与生产关系的矛盾运动所推动的生产社会化进程。我国的社

---

① 《列宁专题文集·论辩证唯物主义和历史唯物主义》,人民出版社,2009年,第161页。
② 《马克思恩格斯文集》(第七卷),人民出版社,2009年,第843页。

会主义现代化的性质是前资本主义的"社会主义",其在发展过程中必然会遇到资本的生产力问题,这里的关键是如何处理好生产力与生产关系、社会主义基本经济制度与市场经济的关系。在改革开放和社会主义建设新时期,邓小平强调目前我国的社会主义还处于"初级阶段"①,并明确指出社会主义的本质有两个:第一是公有制,第二是共同富裕。在此阶段,中国共产党作出实行改革开放的历史性决策,通过实行社会主义市场经济体制来实现工业化、市场化这个生产力发展的重要阶段,以开放的姿态借鉴和学习西方发达国家的文明成果,实现了从生产力相对落后的状况到经济总量跃居世界第二的历史性突破,实现了人民生活从温饱不足到总体小康、奔向全面小康的历史性跨越。进入新时代,以习近平同志为核心的党中央更是在处理政府与市场、国内与国际双循环的关系中,在坚持共同富裕的原则下,进一步提出正确看待资本的生产力的"物质文明面",发挥资本作为生产要素的积极作用,同时从政党领导、人民主体性、所有制结构、分配制度等角度内在规定了资本的发展方向和目的,支持和引导资本的规范有序发展,推动"有效市场"和"有为政府"更好结合,还将加快构建新发展格局作为建设现代化强国和把握未来发展主动权的重大战略决策,通过供需两端同时发力、协调配合,构建高水平社会主义市场经济体制,以科技自立自强赋能现代化产业发展,推进高水平对外开放等举措实现高质量发展,极大地丰富了人类的现代化实践。

中国式现代化将现实的人作为跨越的社会主体。社会主义生产关系的建构不是以资本增殖为核心,而是以现实的人的自由全面发展为核心。"经济的社会

①　"以邓小平为代表的新一代中国共产党领导人,提出了中国目前还处于社会主义初级阶段,正确地使中国的社会主义回归到马克思所说的有待于吸收资本主义文明成果的'资本主义前的社会主义'的位置上,按照跨越资本主义'卡夫丁峡谷'所建立的社会主义的要求来进行社会主义的建设。"[陈学明:《对"人类文明新形态"的若干思考》,《福建师范大学学报》(哲学社会科学版),2021 年第 6 期。]

形态"的发展是一个"自然历史过程",这一论断规定了生产力发展阶段不能逾越的历史规律问题,但并没有否定社会主体的历史创造性和主动性。现实的生产力状况规定着这种跨越的限度,现实的生产关系决定着这种跨越的可选择性。现实的人正是在一定社会关系中进行着实践活动,特定社会关系构成了特定实践活动的前提条件。"在这里,人不是在某一种规定性上再生产自己,而是生产出他的全面性。"①这种生产只有在公有制的条件下才能进行。当然,现实的人的实践活动又不断生产着社会关系,不断在特定的社会关系中生产他在"现实联系和观念联系的全面性"②。对以中国为代表的东方大国来说,社会制度"跨越"后造成的问题是"落后的社会生产力与先进的社会制度的矛盾"③,是生产力同社会主义的生产关系(公有制)之间存在一定程度的不适应。中国特色社会主义将科学社会主义理论逻辑和中国社会发展历史逻辑统一起来,把人民作为社会发展的主体,将生产力的发展目的聚焦于满足全体成员的需要,充分发挥人民在推进现代化进程中的历史主动性,高度体现了合规律性与合目的性的统一。

总的来说,中国走上社会主义现代化道路是一个历史实践问题,是历史规律与历史主体相互作用的结果。在世界历史不断向纵深发展的今天,中国式现代化回答了如何在不采用资本主义生产方式的情况下,通过社会主义生产关系创造出同资本主义一样的生产力成果,破解了东方国家如何建设社会主义的世界性难题。这不仅在走自己的路中超越了西方式现代化的老路,还在人类社会发展征程中展现了现代化的另一幅图景,提供了靠什么跨越"卡夫丁峡谷"的历史答案。

---

① 《马克思恩格斯全集》(第30卷),人民出版社,1995年,第480页。

② 同上,第541页。

③ 孙来斌:《如何对待马克思恩格斯的"跨越论"——关于跨越"卡夫丁峡谷"问题的思考》,《当代世界与社会主义》,2007年第6期。

三、中国式现代化为世界现代化实践提供了"另一种选择"

今天,跨越"卡夫丁峡谷"的历史语境已经发生了变化,但其理论实质并没有发生根本性改变。作为一个东方大国,中国共产党带领人民开创、坚持和发展的中国式现代化,是在跨越资本主义发展模式的基础上,以社会主义的生产关系来达到生产力发展一般要求的现代化,也是社会主义制度和现代化相结合的现代化,更是以人民为中心的现代化。中国式现代化进一步凸显了社会主义实行现代化的可行性、优越性和超越性,为世界现代化实践提供了"另一种选择"。

(一)以生产力的整体发展为内在要求的
中国式现代化证实了社会主义国家进行现代化建设的高度可行性

回顾科学社会主义发展史,我们不难发现,落后的东方国家可以通过社会革命跨过资本主义制度的"卡夫丁峡谷"的问题已经得到证实,但建立社会主义制度的国家究竟如何进行社会主义建设的问题依旧没有解决。在"经济的社会形态"发展阶段,生产力是推动社会前进最活跃、最革命的力量,这也确定了社会主义的根本任务是发展社会生产力。中国式现代化追求的不是生产力的单向度发展,而是生产力的平衡与全面发展,它以"五位一体"的总体布局呈现出发展社会生产力的整体进路,破解了如何进行社会主义建设的世界性难题,在世界范围内证实了社会主义国家进行现代化建设的高度可行性。

首先,中国式现代化强调"高质量发展"。高质量发展是对物质生产力发展的更高要求,目的是形成能够驾驭社会化大生产和满足全体人民需要的社会生产力。其次,强调"发展全过程人民民主""丰富人民精神世界""人与自然和谐共生",将物的现代化推进到提高制度竞争力的制度与文化的现代化。最后,强调"实现全体人民共同富裕""推动构建人类命运共同体""创造人类文明新形态",将现代化进一步推进到实现全体人民共同富裕和创造更加美好的世界。对资本主义现代化而言,其在发展过程中出现了两极分化、物质主义膨胀、环境恶化、牺牲他国利益等问题,暴露出这一发展方式的不可持续性。中国式现代化具有富含中国特色的"新元素",其要建成的是经济文明、政治文明、文化文明、社会文明、生态文明协调发展的现代化,是走和平发展道路的现代化。这一现代化模式摒弃了发达国家所遵循的生产力发展受资本主宰的逻辑,破除了发展中国家不能兼顾经济发展和社会稳定的发展悖论,把工业较发达国家向工业较不发达国家所展示的未来景象变为现实。这表明,作为马克思主义中国化时代化的重大创新成果,中国式现代化同样是实现现代化的重要方式,它不仅为其他希望独立自主迈向现代化的国家提供了另一种可选择的理论和道路,更成功引领了人类现代化实践的发展方向,从而在一定程度上改变了自苏东剧变以来社会主义在全球面临的被动局面,使资本主义和社会主义的两种制度力量对比中发生了有利于社会主义的重大转变。

(二)社会主义制度和现代化相结合的
中国式现代化突出了社会主义的优越性

社会主义国家跨越"卡夫丁峡谷"的要义是"缩短",即缩短从资本主义过渡到社会主义的历史进程。这既包括不经过资本主义制度而直接建立社会主义制度,也包括避免或减轻资本主义现代化的痛苦和弊病。在俄国的社会主义实践中,苏联模式一度让人们对社会主义道路产生误解。苏联解体更是让世界社会主义运动面临道路危机。从这个意义上来说,中国式现代化的提出,在科学社会主义发展史上具有划时代的意义。它证明了社会主义模式的多样性,证实了坚持党的领导和坚持社会主义制度对发展生产力的重要价值,在世界社会主义运动中挽救了社会主义的道路危机。具体来说,现代化的核心是生产力的发展。生产力是人类社会存在和发展的基础,是推动历史前进的决定性力量。马克思充分肯定了社会生产力对生产关系乃至上层建筑的支配性地位,从而进一步揭示出了人类历史发展的规律是生产力与生产关系的矛盾运动。这就要求中国共产党在进行现代化建设时,要注重发挥社会主义的制度优势,调整生产关系以适应生产力的发展,调整上层建筑以适应经济基础的发展。

中国式现代化是中国共产党带领全国各族人民开辟的社会主义现代化,具有鲜明的制度特色。根据马克思主义的经典阐释,社会形态的转换以生产力的发展为基础,是在发达的经济基础上建立与之相适应的上层建筑。马克思和恩格斯从来没有否定过上层建筑对经济基础、生产关系对生产力的反作用。他们在"卡夫丁峡谷"跨越论中对社会主体的强调就阐明了这种作用。因此,我们不能脱离上层建筑来抽象地谈论经济基础。如果没有成熟的上层建筑,那些渴望发展又想保持独立的发展中国家会很难"既要和资本主义打交道,也要摆脱资本主义的'内控性'、剥夺性"①。中国共产党领导的社会主义现代化,以鲜明的制度特色来规制和拓展中国式现代化,凝聚全体人民的磅礴伟力,集中力量办大事,又从现代化的创新突破来巩固社会主义制度,在"五位一体"总体布局的整体推进中逐步实现全体人民共同富裕。这就是说,中国式现代化通过社会主义制度和现代化相结合的方式,高度概括了东方国家建设社会主义的基本经验,成功挽救了社会主义发展道路的危机,"成功地创造了社会主义建设和发展的

---

① 李冉:《中国道路与马克思实践观的革命性质》,《理论探讨》,2019年第3期。

'民族形式',这一'民族形式'在一定意义上是社会主义在当代的新形态"[①],是一种全新的人类文明形态。这种人类文明新形态的形成,无疑象征着世界社会主义运动发展到了一个新的历史阶段。

(三)以人民为中心的中国式现代化
彰显了社会主义实行现代化的超越性

中国式现代化将人民作为社会发展的主体,突出现代化方向的人民性。真正的现代化"不仅仅决定于生产力的发展,而且还决定于生产力是否归人民所有"[②]。社会生产力的发展不是以资本增殖为核心,而是以现实的人的自由全面发展为核心。习近平在《发展不能走老路》一文中明确指出:"发展不能脱离'人'这个根本,必须是以人为本的全面发展,这是发展的终极目标。"[③]中国式现代化坚持以人民为中心的发展思想,实现的是物质生产力与人的社会关系的同步发展,社会发展与人的发展的统一,从而构建了一个理想的未来社会模型,即"在保证社会劳动生产力极高度发展的同时又保证每个生产者个人最全面的发展的这样一种经济形态"[④],解决了资本主义不能解决人的全面发展的问题,书写了科学社会主义的"新版本"。

一是中国式现代化不仅要求物质生产力的发展,还要求现实的人的社会关系的发展。这里,人的生产不只是种的繁衍,还包括在物质生产活动中形成的新的社会关系。"在再生产的行为本身中,不但客观条件改变着……而且生产者也

---

① 陈学明:《中国道路为世界贡献了什么?》,天津人民出版社,2017年,第147页。

② 《马克思恩格斯文集》(第二卷),人民出版社,2009年,第689页。

③ 习近平:《之江新语》,浙江人民出版社,2007年,第116页。

④ 《马克思恩格斯文集》(第三卷),人民出版社,2009年,第466页。

改变着,他炼出新的品质,通过生产而发展和改造着自身,造成新的力量和新的观念,造成新的交往方式,新的需要和新的语言。"①生产力是人们历史活动的产物,是人们的实践能力,体现着人的本质力量。人的生产和物质资料的生产是社会生产力的重要组成部分。人的社会关系的发展不是"想象的"或"设想"的,而是以物质资料的生产为基础的。现实的人是社会发展的主体,人民的创造性是社会发展的重要决定性因素。将物质生产力的发展与现实的人的社会关系的发展统一起来,在"五位一体"总体布局中充分发挥人民在推进现代化进程中的历史主动性,从而使得现代化朝着人的自由全面发展的方向前进,这充分体现了中国式现代化与科学社会主义本质②的内在一致性。

二是中国式现代化所要求的发展主体不仅是单个人的发展,还是所有人的发展。在资本主义现代化范式下,资本主义的生产力发展服从于资本逻辑,资本主义生产方式以资本增殖为目的,呈现的是资本与人的主体地位颠倒的世界图景。主体地位的颠倒导致社会发展目的的颠倒,这使得资本主义现代化的发展带来截然相反的结果:一边是物质主义膨胀的财富积累,一边是两极分化的社会不平等状况愈益加重。与此相对,中国式现代化确立了以人民为中心、促进人的全面发展的社会主义文明逻辑,按照人的发展规定社会存在的具体表现形式,恢复和激发了被资本遮蔽的人民的主体力量,强调的是社会的进步与人的发展的一致性。在社会主义发展的前提下,中国式现代化追求的是 14 亿多的人口整体迈进现代化,是全体人民共同富裕的现代化。在未来的社会主义制度中,"社会生产力的发展将如此迅速……生产将以所有人的富裕为目的"③。这一促

---

① 《马克思恩格斯文集》(第八卷),人民出版社,2009 年,第 145 页。

② 在此,我们主要是从未来新社会的角度理解科学社会主义的本质。马克思和恩格斯将"人自由而全面的发展"称为新社会的本质。

③ 《马克思恩格斯文集》(第八卷),人民出版社,2009 年,第 200 页。

进人的全面发展的中国式现代化推动着科学社会主义在 21 世纪向更深一层发展。

四、中国特色社会主义创造的
中国式现代化新道路开创了世界历史新局面

在唯物史观视域中,世界历史不是专指资本主义生产方式占统治地位的现实的历史,而是泛指反映整个人类社会发展规律和进程的历史,这里不仅包括资本主义阶段的世界历史,也包括社会主义阶段的世界历史。尤其是经过四十多年改革开放的发展,我国在世界市场上的地位已经由被动变为主动,开启了与资本主义共谋发展的新的世界历史时代。从世界历史发展的角度来看,资本主义在自身发展中遇到瓶颈,是不合理的生产方式带给它的必然结果,也是资本与劳动矛盾运动的结果。那么在资本主义基本矛盾仍未解决、资本主义生产方式无法改变的前提下,中国特色社会主义创造了中国式现代化新道路,开创了一种有别于资本主义的世界历史新局面,为世界历史的当代转向提供新的历史机遇。

(一)以制度优势彰显不同文明形态的可能性

当今世界正处于百年未有之大变局,资本主义世界体系面临前所未有的危机和挑战。当危机频发和挑战加剧使得世界历史的走向不得不发生改变时,中国特色社会主义作为一种强大的社会制度给世界带来了新的发展思路。这一发展思路首先体现在:它以社会主义制度优势彰显了不同文明形态的可能性。

　　进入 21 世纪以来,世界历史在短短二十多年的时间发生了巨大改变。以中国为代表的社会主义国家表现出日益明显的制度优势,这与西方资本主义国家日益表现出的制度衰败形成鲜明对照,也与 20 世纪的情形发生了惊人的反转。曾经坚持"历史终结论"的福山在 2008 年金融危机以后开始反思资本主义国家的治理模式,在《我们的后人类未来》中推翻资本主义终结历史的结论,转而论证人类的新未来。皮凯蒂在《21 世纪资本论》中聚焦社会的分配不平等问题,从政治经济学角度论述了新自由主义的衰败。如今活跃于西方左翼舞台的学者如齐泽克、巴迪欧等人在批判资本主义政治民主的同时,甚至喊出了"回到共产主义"的口号。

　　此时,世界历史进入一个新全球化阶段。随着以美国为首的西方国家霸权地位的衰落,发达国家对其他国家的控制力在减弱。随之而来的是,中国特色社会主义通过总结经验和教训,走上了一条稳步发展的现代化道路,创造了经济发展和社会稳定的"两大奇迹"。早在 20 世纪中期,毛泽东就曾指出,有些人企图通过融入资本主义的全球化来赶上发达国家, 这种观点不仅是不合实际的,还会让中国陷入更大的压迫中去。在此,应该用别的方法为之,这个方法就是从社会性质的过渡开始。随后,邓小平在坚持社会主义制度的前提下,进行了改革开放的伟大实践,力图在发展社会主义的同时证明社会主义制度的优越性。他曾指出:"我们要用发展生产力和科学技术的实践,用精神文明、物质文明建设的实践,证明社会主义制度优于资本主义制度,让发达的资本主义国家的人民认识到,社会主义确实比资本主义好。"①进入新时代,习近平总书记提出构建人类命运共同体,高举和平发展大旗,坚持同世界各国互利共赢。正如他所指出的:"20 年前甚至 15 年前,经济全球化的主要推手是美国等西方国家,今天反而

---

① 《邓小平年谱(1975—1997)》(下),中央文献出版社,2004 年,第 1255 页。

是我们被认为是世界上推动贸易和投资自由化便利化的最大旗手,积极主动同西方国家形形色色的保护主义作斗争。"①如今,中国已经成为全球经济交往的重要主体和全球资本链条上的重要一环,中国社会的空间变迁与世界历史的全球化进程紧密联系在一起。我们不仅将商品输出到世界市场,也传递了中国理念,前者反映了全球化的发展趋势,后者展现了社会主义制度的现实力量。如果说21世纪以前的历史是马克思主义和其他国外社会思潮传入中国的过程,那么如今的历史是中国特色社会主义日益走近世界中心、中国特色社会主义思想不断影响世界的过程,这不仅改变了欧洲中心主义的历史,更作为一种新的制度选择为世界历史的发展带来新的生机与活力,推动全球化朝着共生共荣的方向发展。因此中国特色社会主义在世界历史中的空间传播,蕴藏了一个明确的逻辑指向:社会主义制度将对世界的未来发展产生越来越重要的现实影响,越来越彰显出其世界历史意义。

(二)消除生产力桎梏以激发社会的深层活力

习近平总书记在学习贯彻党的十九大精神研讨班开班式上指出:"新时代中国特色社会主义是我们党领导人民进行伟大社会革命的成果,也是我们党领导人民进行伟大社会革命的继续,必须一以贯之进行下去。"②中国特色社会主义的优越性还体现在,它始终将社会的发展视为一个矛盾运动的过程,并通过不断消除生产力桎梏以激发社会的深层活力。

这个世界历史发生重大转向的时代对我们来说既是机遇,也是挑战。在这

---

① 《习近平谈治国理政》(第二卷),外文出版社,2017年,第212页。

② 《习近平在学习贯彻党的十九大精神研讨班开班式上发表重要讲话强调 以时不我待只争朝夕的精神投入工作 开创新时代中国特色社会主义事业新局面》,《人民日报》,2018年1月6日。

种情形下，我们需要将中国特色社会主义的发展与世界历史的发展联系起来，思考如何在世界历史转向时代实现社会主义在新的历史阶段上的飞跃。习近平总书记将新时代中国特色社会主义称作一场伟大的社会革命，一场以不断消除生产力桎梏来激发社会发展活力的社会革命。现实的社会主义并非僵化的、不动的社会主义。之所以称之为社会革命，原因有两点：

一是社会革命以矛盾运动为内核，主要表现为生产力和生产关系的矛盾。正如马克思在《哲学的贫困》中提到的："生产力的增长、社会关系的破坏、观念的形成都是不断运动的，只有运动的抽象即'不死的死'才是停滞不动的。"①它不仅是一种打破旧的经济基础与上层建筑的运动，更是一种建设新的生产关系和交往关系的运动。这种社会革命的实现需要通过现实的实践活动来完成。因为任何自我意识的革新都不能带来社会的根本变化，唯有实践才是改变社会的主要手段。在此，社会革命的目的是促进生产方式的变革，实现生产力与生产关系的良性互动。更准确地说，是在生产力发展的前提下，调整生产结构和生产关系，不断解决人民日益增长的美好生活需求与不平衡不充分发展之间的矛盾，推动社会主义朝着建设现代化强国的方向前进。

二是在世界范围内，当资本主义生产方式已经阻碍生产力发展的时候，就要思考一种新的生产方式。中国特色社会主义作为一场伟大的社会革命，不仅要实现现代化，实现中华民族伟大复兴，还要打开世界历史发展的新局面。因为从本质上说，这场伟大的社会革命是一场消灭现存状况的现实运动，是在不断同资本主义的斗争中完成的。当然，就"两个必然"即"资产阶级的灭亡和无产阶级的胜利是同样不可避免的"②而言，社会主义或共产主义必将替代资本主义。

---

① 《马克思恩格斯文集》(第一卷)，人民出版社，2009年，第603页。
② 《马克思恩格斯文集》(第二卷)，人民出版社，2009年，第43页。

但是"两个必然"建立在"两个决不会"①的基础之上。这就说明,资本主义社会所遭遇的问题,社会主义国家也会遇到,两者的区别主要在于占有生产资料的不同。所以当资本主义世界历史出现问题时,我们不应该以一个旁观者的姿态去品头论足,而是应该"对资本主义危机、资本主义演进过程、资本主义新形态及本质进行了深入分析。这些观点有助于我们正确认识资本主义发展趋势和命运,准确把握当代资本主义新变化新特征,加深对当代资本主义变化趋势的理解"②。正因为如此,如何引领世界百年未有之大变局从无序走向有序,如何推动世界历史朝着进步的方向发展,是社会主义和资本主义共同面临的时代课题。随着生产力发展水平的提高,中国特色社会主义不断调整生产力与生产关系、经济基础与上层建筑的关系来激发社会发展的活力,日益彰显出其推动世界历史道路转向的实力与活力。

(三)以社会主义发展的新阶段构筑世界历史的丰富内涵

作为一种社会形态,社会主义发展到今天,已经成为世界历史的重要组成部分。在时间上,社会主义在 500 年的风云激荡中经历了六个阶段,在马克思那里确立了关于无产阶级解放的科学社会主义学说,也在 21 世纪的中国开启了新的发展阶段。

习近平总书记在 2013 年给新进中央委员、中央候补委员的讲话中表示,历史发展的规律要放到历史的长河中去追寻,如同新时代中国特色社会主义的发展要建立在社会主义发展史的基础上。他将社会主义 500 年的发展分为六个阶

---

① 引自《政治经济学批判序言》,"无论哪一个社会形态,在它所能容纳的全部生产力发挥出来以前,是决不会灭亡的;而新的更高的生产关系,在它的物质存在条件在旧社会的胎胞里成熟以前,是决不会出现的。"参见《马克思恩格斯文集》(第二卷),人民出版社,2009 年,第 592 页。

② 习近平:《论党的宣传思想工作》,中央文献出版社,2020 年,第 287 页。

段:空想社会主义产生和发展,马克思恩格斯创立科学社会主义理论体系,列宁领导十月革命胜利并实践社会主义,苏联模式逐步形成,新中国成立后我们党对社会主义的探索和实践;我们党作出进行改革开放的历史性决策、开创和发展中国特色社会主义。①

　　在新中国成立初期,国内外有些不同的声音在质疑封建社会解体后,中国没有走资本主义道路而是选择进入社会主义道路并非历史发展的必然结果。这种观点显然是对社会主义道路的误解。中国之所以选择社会主义道路,是由世界历史发展过程中产生的一系列复杂矛盾所决定的。因为19世纪末20世纪初的中国还处于闭关锁国时期,内忧外患的境遇使得中国处于被动局面。随着外国商品和资本的大量输入,发达的生产力冲击着衰败的经济体,资本主义生产因素从外部渗透到中国的内部并取得了飞速的发展,但中国并没有因此形成发展资本主义的"母体",反而沦为半殖民地半封建的社会。到了20世纪初,世界主要资本主义国家的帝国主义阶段已经完成,俄国十月革命成功后马克思主义迅速传入中国,正是在这种外部因素的刺激之下,中国选择了走社会主义道路。

　　那么社会主义实现了从空想到科学、从理论到实践、从一国到多国的发展,现在是个什么状况呢? 回首改革开放四十多年的发展,中国特色社会主义的发展扭转了东方从属于西方的局势,开启了社会主义与资本主义共谋发展的新篇章,进入了世界社会主义发展的新阶段,在世界历史中宣示了中国特色社会主义的地位和意义。

---

① 参见《习近平总书记系列重要讲话读本》,学习出版社,人民出版社,2016年,第19~23页。

结　语

1923 年，瞿秋白在《世界的社会改造与共产国际》一文中深有感悟地提出了"各国各有其特殊的社会主义的经济形式"的问题，认为"社会主义只能建筑在现存的实有的基础上，所以将来会发现各种不同的社会主义形式，或者可以说是那各种不同的资本主义之继续变革"；各国无产阶级夺取政权之后，要根据"现存的实有的基础"，由此必然形成"种种'社会主义生产'之不同形式"，也必然出现"暂呈互异的社会主义，——各国各有其特殊的社会主义的经济形式"。[①]这一"各国各有其特殊的社会主义的经济形式"由于中国式现代化的开创、发展和深化而得以明确。中国特色社会主义走出的这条"自己的路"是不同于传统社会主义的发展道路，它成功地创造了社会主义建设和发展的"民族形式"，这一"民族形式"在一定意义上是社会主义在当代的新形态。这一社会主义在当代的新形态意味着，中国式现代化开创了世界历史发展的新局面，彰显了社会主义制度的优越性，"使具有 500 年历史的社会主义主张在世界上人口最多的国家成功开辟出具有高度现实性和可行性的正确道路，让科学社会主义在 21 世纪焕发出新的蓬勃生机"[②]，从而推动世界历史的道路转向。

[①]　参见顾海良：《马克思主义的历史发展与 21 世纪马克思主义的时代课题》，《中国高校社会科学》，2022 年第 3 期。

[②]　习近平：《在庆祝中国共产党成立 95 周年大会上的讲话》，人民出版社，2016 年，第 4 页。

第四章　中国式现代化
推动了世界历史的交往转向

　　党的二十大报告明确提出"构建人类命运共同体是世界各国人民前途所在"①。作为习近平新时代中国特色社会主义思想的重大原创性成果,推动构建人类命运共同体不仅是中国式现代化的本质要求,更是运用马克思主义提供的世界历史资源进行 21 世纪马克思主义理论与实践创新的核心议题，标志着世界历史发展到一个新阶段。在两制并存的时代,和平与发展仍是时代主题,但是今天的交往方式在百年未有之大变局中明显出现了新变化。站在世界历史的高度,中国共产党提出了构建人类命运共同体的中国方案,以中国与世界的关系为时代关切点,既通过维护世界和平发展自身,又通过自身的发展维护世界和平,凸显了马克思主义世界历史思想在新的时代语境中的生命力,使其成为引领人类社会朝着文明进步的方向发展的重要力量。

---

　　① 习近平:《高举中国特色社会主义伟大旗帜 为全面建设社会主义现代化国家而团结奋斗——在中国共产党第二十次全国代表大会上的报告》,人民出版社,2022 年,第 62 页。

一、世界历史的发展困境与作为新成果、
新阶段的人类命运共同体

进入 21 世纪以来,世界历史在发展过程中面临如何开展文明交往、如何推动和平发展、如何继续引领未来等难题,陷入了"世界怎么了,我们怎么办"的现实困境。人类命运共同体这一理念的提出,将资本逻辑与人类主体关系、世界历史大势与历史主动性的关系、价值观与利益观的关系作为破解世界历史发展难题的关键,意在重塑新的主体①关系、新的全球化秩序和新的文明观,是世界历史在 21 世纪的新成果,意味着世界历史在 21 世纪进入了一个新阶段。

(一)资本主义主导的世界历史的发展困境

世界历史在发展过程中呈现出两大发展趋势:一是以资本扩张为驱动并通过经济全球化完成领土拓展的共生关系;二是出现了民族独立、民族国家建立与建设的趋势。在这两个基本趋势背后,我们发现,资本逻辑和国家逻辑都内含于世界历史的形成与发展之中,并在两者的张力关系中呈现出民族国家和全球资本之间矛盾的日益尖锐化。民族国家与全球资本之间的矛盾主要体现在以下三个方面:

第一,"现实的个人"在转变为"世界历史性个人"的过程中,成为以物的依赖性为基础的原子式个人。支配一切的资本逻辑在全球化进程中造成了双重后

---

① 这里,构建"人类命运共同体"的主体特指三大主体,即资本主体、民族国家主体和人类主体。

果:一是主体采用个人本位的社会交往形式;二是物种尺度被放到至高位置。在资本主义生产方式主导的世界历史中,市场交换中的社会关系是通过物的联系建立起来的。资本主义生产关系将人与人的社会关系变成物与物的社会关系,用物与物的抽象平等关系掩盖了人与人之间的支配性关系,"现实的个人"在转变为"世界历史性个人"的过程中沦为原子式个人。

第二,资本与劳动的悖论关系引发阶级矛盾。根据人的发展形式的三个阶段,在"以物的依赖为基础的人的独立性"阶段,资本增殖是现代社会必须直面的生存境遇。在资本主义生产方式中,资本成为统摄生产领域和生活领域的绝对统治者,不自觉地取代劳动者进而充当了主体。资本主体具有暂时性,资本不能承受主体之重。资本积累的界限蕴藏在资本自身的规定中;同时,人的主体地位式微,人的整体性内涵遭到撕裂。资本主体制造了物的世界的增值同人的世界的贬值,特别是财富的积累造成了无产阶级的贫困化,带来了无产阶级与资产阶级之间的尖锐矛盾。

第三,从"虚假的共同体"过渡到"真正的共同体"会触及价值分歧问题。根据历史唯物主义的一般规定,世界历史的主体不是抽象的个体,而是"现实的个人"。共同体也由"现实的个人"构成,并以民族国家的形式表现出来。在"虚假共同体"向"真正的共同体"的过渡阶段,随着全球化进程的持续推进,全球化一方面促进了人们交往活动的普遍化,另一方面为资本在世界范围内到处游走创造了空间。在资本全球化时代,人们的交往往往基于两个基本的诉求:一是利益的共同性。利益的共同性由社会存在所决定,其取决于维护既定秩序的规则是否合理。二是价值的共同性。价值的共同性属于社会意识层面,其反映了共同体内部的利益分配是否最大限度地保证了群体或阶层中的成员的公正与平等。无论从历史还是现实来看,共同体的复杂性和难点在于价值与利益不总是一致,有时甚至处于冲突状态。

（二）作为新成果的人类命运共同体

正如恩格斯所言："一门科学提出的每一种新见解都包含这门科学的术语的革命。"①作为 21 世纪世界历史发展的最新成果,构建人类命运共同体在话语创新层面丰富了马克思主义世界历史思想的时代内涵,在解决方案层面破解了世界历史的发展难题。

第一,人类命运共同体概念本身的话语创新。就"共同体"一词来说,人类命运共同体中的"共同体"一词尚不是真正的共同体,更不是虚幻共同体,而是处于虚幻共同体与真正的共同体之间的过渡形态。②在这一阶段,共同体内部认同感的形成不是基于地理位置,而是基于共同价值。这就是说,人类命运共同体从表面上看是在考察个人与共同体的关系问题,实质上则是要在全球化视域中破解价值观与利益观的不一致问题。就"人类"和"命运"一词来说,人类命运共同体把马克思主义世界历史思想中饱含的具有终极意义的价值追求,转变为在世界交往活动中重塑新的主体、新的全球秩序、新的文明观的时代创新问题。人类命运共同体通过对资本逻辑的批判性认识和对世界历史大势的判断,激活了人类主体的可为性、自觉性和主动性,在中国与世界的互动关系中丰富了马克思主义世界历史思想的时代内涵。

第二,人类命运共同体是破解世界历史发展难题的中国方案。首先,从重塑主体关系的角度而言,人类命运共同体强调坚持人类主体立场,超越了资本主体霸权。当前人类社会面临的最大难题和挑战是如何超越资本主体对世界历史

---

① 《马克思恩格斯文集》(第五卷),人民出版社,2009 年,第 32 页。

② 参见张华波、邓淑华:《马克思发展共同体思想对构建人类命运共同体的启示》,《马克思主义研究》,2017 年第 11 期;徐斌、巩永丹:《马克思共同体理论的历史逻辑及其当代表现》,《马克思主义与现实》,2019 年第 2 期。

的统摄。在两制共存的时代,资本主义的制度性缺陷和结构性矛盾带来了全球化的发展困境,世界交往的不平等更是加剧了被资本奴役的物化的个人与全面发展的类存在之间的对立。"现代国家本身置现实的人于不顾,或者只凭虚构的方式满足整个的人。"①人类命运共同体中的"人类"一词强调的是由"现实的个人"组成的共同体,是一个由不同民族国家组成的整体性描述概念,强调人类主体相互依存、命运与共的整体性。超越资本逻辑的可行路径是在构建人类命运共同体中实现由资本主体霸权向人类主体立场的转变。其次,从大变局的角度而言,当今世界正在经历百年未有之大变局,人类社会正在走向一个新的历史拐点。民族国家与全球资本之间的矛盾日益尖锐,改变现行资本主义政治经济秩序的主张日益成为时代所需。变局并不意味着无序,而是一个由无序向有序的动态运动。立足百年变局中的"变",在无序向有序的运动中顺势而为,在把握社会主义同资本主义两种意识形态、两种制度的历史演进、并存与较量中不断增强历史主动是构建人类命运共同体的基本要求。最后,从价值分歧的角度而言,人类命运共同体的创新之处在于,它破解了西方世界治理理念背后的"普世价值"与共同利益的不一致问题,特别是西方发达国家以"普世价值"(主要指普世的"西式民主"和"现代社会的价值和制度")之名来为本国谋取私人利益之实,较为灵活地解答了如何处理利益共同性与价值共同性的关系难题。

(三)作为新阶段的人类命运共同体

作为新阶段的人类命运共同体可以从以下两个层面进行理解:第一,从共同体思维来讲,这里的新阶段特指不同国家主体如何冲破西方中心主义思维进

---

① 《马克思恩格斯文集》(第一卷),人民出版社,2009年,第11页。

行文明交往的问题;第二,从共同体构建来讲,这里的新阶段指的是不同国家主体如何积极寻求和平发展路径的问题。

人类命运共同体是对西方中心主义思维的全面扬弃。这里,人类命运共同体解决的是民族国家之间如何进行文明交往的问题。伴随着资本主义生产方式的全球扩张,西方中心主义思维历史性地确立并巩固了在全球具有绝对优势地位的意识形态话语权,一般称为"普世价值"。作为人类命运共同体的价值观基础,全人类共同价值立足人类社会立场,不是要将和平、发展、公平、正义、民主、自由的价值观念再度置于"普世价值"的抽象意义上,而是将这样的价值观以"全人类"的发展为定向,旨在尊重文明差异的基础上凝聚全球治理价值共识,并将这样的价值观现实地体现在各民族国家独特的历史传统、文化立场、价值主张、人民愿望之中,让全人类共同价值成为与世界各国进行沟通的价值桥梁。党的二十大报告再次重申全人类共同价值[1]的具体内容,"世界各国弘扬和平、发展、公平、正义、民主、自由的全人类共同价值"[2]。这里,全人类共同价值的六个目标构成了一个系统性的价值体系。其中,和平与发展规定了时代的主题,公平与正义规定了全球化的运行规则,民主与自由规定了建立公正合理的国际秩序的基本原则。

人类命运共同体破除了新自由主义的发展限制。如前所述,现实的历史是由资本逻辑主导的。资本逻辑主导的现实的历史造成了个人与个人关系的分裂、民族国家之间交往关系的不平等,带来了新自由主义盛行这一结果。作为"华盛顿共识"的产物,新自由主义在经济领域主要表现为自由化、私有化和市

---

[1]　所谓共同价值,是指主体间为满足共同的需求、实现共同的利益而达成的价值共识。当然,所有的价值共识都是有条件的,会随时随地发生改变,是相对的、易逝的,不是绝对的、永恒的。(参见汪亭友:《全人类共同价值的理论根据和现实基础》,《现代国际关系》,2022 年第 7 期。)

[2]　习近平:《高举中国特色社会主义伟大旗帜　为全面建设社会主义现代化国家而团结奋斗——在中国共产党第二十次全国代表大会上的报告》,人民出版社,2022 年,第 63 页。

场化,在政治领域表现为议会民主制,在文化领域表现为资本主义意识形态。无论是经济、政治还是文化领域,新自由主义均以个人利己主义为基本原则。在今天,全球化危机的重要体现是新自由主义危机,这一现象导致的社会不平等现象加剧了政治领域民粹主义风气的兴盛。根据马克思主义的唯物史观,新自由主义的历史只是一种暂时状态。世界历史的发展不以西方国家的资产阶级意志为转移,而是世界范围内总体生产力和现代科学技术革命发展的结果。构建人类命运共同体的中国方案,利用生产力和科技革命带来的文明成果,运用社会主义国家的制度优势规制资本逻辑,破除新自由主义的发展限制,既不主张走传统大国通过战争、殖民、掠夺等方式崛起的老路,也不主张走发展中国家依附性的发展道路,而是坚持走和平发展的现代化道路,建设持久和平、普遍安全、共同繁荣、开放包容和清洁美丽的世界,从而将世界历史的发展推进到一个新阶段。

总之,人类命运共同体秉承的人类立场、坚持全人类共同价值和掌握历史主动的主张,破解了世界历史在 21 世纪的发展困境,丰富了马克思主义世界历史思想的时代内涵。构建人类命运共同体这一中国方案全面扬弃了西方中心主义思维,成为推动世界历史进入新阶段的重要引领力量。

二、从三个向度把握人类命运共同体的深刻内涵

具体来说,人类命运共同体作为处理资本主义全球化困境和正视全球化本身发展趋势的解决方案,从现实、主体和革命向度对马克思主义世界历史思想作出了新的时代阐释,为寻求马克思希望的实现作为承担世界历史使命的个人与作为世界历史结果的共产主义相统一所需要的现实条件提供了更为可行的

发展路径,展现了解决人类问题的中国方案。

(一)现实向度:人类命运共同体
是经济全球化进入更深一层的理论成果

按照世界历史的发展逻辑,一方面,全球化是世界历史整体性发展的必然趋势,并对各个国家和地区产生深远影响;另一方面,作为世界整体性中的一部分的国家和地区的演变,同样会对全球化产生深远影响。这里,问题的关键在于由谁主导全球化、其主导的全球化是否符合人类的共同利益。在不同的研究视域下,全球化问题具有不同的理论内容。在此,我们用"经济全球化"指代一种客观发展趋势,对资本主义全球化持否定态度,并对新全球化的叙事路径提出了一些现实构想。

习近平总书记指出:"'经济全球化'这一概念虽然是冷战结束以后才流行起来的,但这样的发展趋势并不是什么新东西。早在 19 世纪,马克思、恩格斯在《德意志意识形态》、《共产党宣言》、《1857—1858 年经济学手稿》、《资本论》等著作中就详细论述了世界贸易、世界市场、世界历史等问题。《共产党宣言》指出:'资产阶级,由于开拓了世界市场,使一切国家的生产和消费都成为世界性的了。'马克思、恩格斯的这些洞见和论述,深刻揭示了经济全球化的本质、逻辑、过程,奠定了我们今天认识经济全球化的理论基础。"[①]这段话表明,我们当前依然处于马克思主义所指明的历史时代。尽管在今天出现了逆全球化的思潮和反全球化的举动,但经济全球化是顺应人类发展趋势的历史潮流。在这一"不变"的历史大势下,资本主义主导的全球化出现了一些"变",一言以蔽之,"当今世

---

① 习近平:《深入理解新发展理念》,《求是》,2019 年第 10 期。

界正经历百年未有之大变局"①。百年未有之大变局时期的全球秩序调整和世界格局的新变化是资本主义全球化发展的最新表现形式,其本质依然没有脱离由资本主义生产方式和资本增殖的本性所决定的"终结"困境。

因此,要想突破资本主义全球化的"终结"困境及其带来的诸多问题,就要直面当今世界面临的不确定性和不稳定性,反对搞保护主义、单边主义和狭隘的民族主义,将和平与发展作为新全球化叙事的主色调,引导各民族国家携手共建更加美好的世界。尤其是在后疫情时代,疫情导致的全球治理失序与个人生命健康难以保证的情况不过是一种暂时现象,这并不意味着反全球化的回流,反而表明建构相互依存的生命关系是新全球化叙事的价值共识。就当前的现实问题来说,我们要改变见"物"不见"人"的虚假共同体的存在状态,打造新的共同体模式。资本主义现代化进程极大地提高了物质生产力水平,促进了生产方式和生存方式的深刻变革,但却没有从"人类社会该往何处去"这一原则高度出发解决资本逻辑统治带来的世界各国发展不平衡和价值危机问题。这一资本逻辑带来的治理失序和忽视个人的生命健康权等问题亟待世界各国的共同应对和协商解决。其中,人类命运共同体包含的"利益共同体""价值共同体""安全共同体""行动共同体""责任共同体"等主要内涵,能够直接为人类该如何生活和世界历史的未来走向提供一种具体的解决方案。

(二)主体向度:人类命运共同体的主体是"类主体"而不是"个体"

如前所述,自资本主义开辟世界历史以来,人类交往的时空约束被彻底打破,世界历史成为人们可以感知的现实,整个世界趋向多极化发展。现在资本主

---

① 《习近平谈治国理政》(第三卷),外文出版社,2020年,第112页。

义已经从一个以欧洲为中心的世界体系时代,进入一个以超民族、超国界发展为特点的全球资本时代。在价值理念上,西方中心论越来越受到批判,把人类社会作为一个整体加以考虑的思维方式——人类命运共同体意识开始传播。如果说 20 世纪的主题是战争与革命,那么 21 世纪的主题就是世界历史与人类命运共同体。从人类命运共同体的主体向度而言,马克思和恩格斯在政治经济学视域中阐释的资本与劳动的关系,在哲学和科学社会主义视域中便应当转化为"类主体"与资本的关系。只有立足人类社会的"类主体"价值形态,一种维护全人类共同利益的真正共同体的意义才能够凸显。

马克思在《1844 年经济学哲学手稿》《德意志意识形态》等著作中提到"类活动""类存在物""类本质"等说法,其本质都是强调进行社会性活动要以"类"而非"个体"的形式展开。"只有当现实的个人把抽象的公民复归于自身,并且作为个人,在自己的经验生活、自己的个体劳动、自己的个体关系中间,成为类存在物的时候……人的解放才能完成。"[1]此外,马克思还重点批判了"真正的社会主义者"格律恩的观点,主张将人的类本质放到现实的历史之中。"我们找到了人,即找到了已摆脱宗教、已摆脱僵死的思想、已摆脱一切异己的东西和由此产生的一切实际后果的人。我们找到了纯粹的、真正的人。"[2]如果人的本质的复归纯粹是一个经院哲学问题的话,那么马克思和恩格斯随后在世界历史语境中进行政治经济学批判和科学社会主义设想将变得没有意义。"这里很明显,尽管人们在肉体上和精神上互相创造着,但是他们既不像圣布鲁诺胡说的那样,也不像'唯一者'、'被创造的'人那样创造自己本身。"[3]人的类本质是通过积极有为的个体实践,在批判旧的社会关系,发展新的社会关系中不断生成与完善的。

---

① 《马克思恩格斯文集》(第一卷),人民出版社,2009 年,第 46 页。

② 《马克思恩格斯全集》(第 3 卷),人民出版社,1960 年,第 576 页。

③ 《马克思恩格斯文集》(第一卷),人民出版社,2009 年,第 542 页。

世界历史发展到今天,无论是社会主义还是资本主义,其最终目的都是聚焦于满足人的需要。继 18 世纪西方"世界历史观念"确立之后,黑格尔的"世界历史"理论把人的自由视为世界历史发展的本质,从而进一步地把世界历史的中心移到人类本身。对于共同体这个概念西方早已有之,但是我们提出的"人类命运共同体"与西方的共同体有着本质上的区别。从个人与集体的角度而言,西方共同体的基础是原子化个人,我国提出的人类命运共同体的基础是类主体。究其本质来说,人类命运共同体更多的是一种精神或价值意义上的共同体,强调一种类主体意识。"精神共同体在同从前的各种共同体的结合中,可以被理解为真正的人的和最高形式的共同体。"①更重要的是,人类命运共同体是基于现实的历史基础之上的。正如卢卡奇所言:"只有在这种把社会生活中的孤立事实作为历史发展的环节并把它们归结为一个总体的情况下,对事实的认识才能成为对现实的认识。"②这同时也说明,世界历史的发展不会是一帆风顺的,它会经历各种危机,不仅有资本主义经济危机,还有资本主义与社会主义的革命与交往危机,更有 21 世纪的各种不确定性危机。在百年未有之大变局的时代,人类命运共同体旨在扭转资本主义主宰的世界历史进程,改变人与人的传统交往方式,在人类文明走向的大视野中重新思考个人与世界的关系。

因为当资本逻辑主导的全球化完成了人从动物界的"物种提升"后,如果在人的"社会提升"阶段继续以资本为动力来推进全球化,那么人的"类属性"势必会被资本不断升级的形态所遮蔽和异化,结果造成资本的主体地位取代作为类存在的人的主体地位。而资本在全球化中的矛盾性发展,则使全球化陷入困境,甚至出现逆全球化和反全球化等资本逻辑的畸形产物。构建人类命运共同体并不否认对以往资本主义创造的生产力的继承,而是在此基础上力图打造一个新

---

① ［德］斐迪南·滕尼斯:《共同体与社会》,林荣远译,商务印书馆,1999 年,第 65 页。
② ［匈］卢卡奇:《历史与阶级意识》,杜章智、任立、燕宏远译,商务印书馆,1999 年,第 58 页。

的历史主体;构建人类命运共同体也不否认对虚假共同体的扬弃与超越,而是以构建超越民族国家的更大的共同体模式来探索一种新全球化的叙事路径。人类命运共同体视域中的主体再创造不仅有望逐步实现"类主体"对资本主体的替代,而且较为柔性地突破了资本逻辑主导下的意识形态与制度之争,从而在命运共存与全球行动中推动世界历史向前发展。

(三)革命向度:人类命运共同体理念是把握世界历史转向的一场思维革命

马克思关于历史走向世界历史的断言已经成为现实。在资本主义与社会主义共存的世界历史中,科学把握世界历史的当前阶段性矛盾及其解决方式,特别是人类命运共同体在世界历史转向中的时代价值,成为我们的必要研究课题。

一方面,人类命运共同体提供了一种理解世界历史的思维方式,我们可以将其称为"天下思维"。作为超越民族国家界限的新型文明观,人类命运共同体理念是中华民族对人类文明进步做出的世界性贡献。它打破了西方文明"零和博弈"的既定思维和"国强必霸"的发展逻辑,有力回击了西方发达国家的"历史终结论""文明威胁论"等错误论调,主张超越狭隘的民族或国家共同体范畴,以"天下大公"的和合理念塑造人们交往的公共性逻辑,从而建立起以共同体之间广泛联系为基础的更大范围的人类命运共同体。人类命运共同体的当前价值追求是回归全球化发展的正常轨道,即在开放包容、文明交流互鉴中推动全球化更好地服务于人的发展。

另一方面,人类命运共同体突破了社会主义与资本主义对立的教条主义思维,在新的全球化时代背景下将二元对立思维转化为协商对话思维。从这个意义上说,人类命运共同体理念是在历史唯物主义视域中应对复杂全球化的整体文明观,是世界历史转向中的一场思维革命。这场革命是恩格斯所说的世界历史体系性矛盾的阶段性解决。"在一切哲学家那里,正是'体系'是暂时性的东西,这恰恰因为'体系'产生于人类精神的永恒的需要,即克服一切矛盾的需要。但是,假定一切矛盾都一下子永远消除了,那么我们就达到了所谓绝对真理,世界历史就完结了,而世界历史虽然已经无事可做,却一定要继续发展下去——因而这是一个新的、不可解决的矛盾。"①

在今天,世界历史体系性矛盾要解决的是全球化发展的不平衡不充分问题,即发展的主体应该是部分强者还是全人类,发展的逻辑是由资本主导还是由人类主导,发展的目的是为了服务于资本增殖的需要,还是满足人类的整体需要。作为思维革命的人类命运共同体理念推动世界历史的阶段性转换,是世界历史发展进程中一个必然遇到的时代命题。总的来说,在交往普遍化的全球化时代,人类命运共同体正是我国在探索独立自主发展道路上,致力于塑造全球化新秩序而发展出的一种符合人类整体利益的、有利于世界和平发展的新的思维理念。从理念转化为行动,从理想转变为现实,中国正以实际行动承担起构建人类命运共同体的大国责任,推动构建一个更加美好的世界。

三、人类命运共同体、中华民族共同体与全球生态文明建设

在世界历史视野中如何理解和把握人类命运共同体、中华民族共同体和全球生态文明建设的内在联系,特别是讲清楚中华民族造福世界、追求人类发展

---

① 《马克思恩格斯文集》(第四卷),人民出版社,2009年,第272页。

进步的使命担当,无疑是中国共产党人在百年未有之大变局中亟须回应的基础性问题。

(一)在世界历史视野中理解和
把握中华民族共同体与人类命运共同体的内在联系

民族问题从来都不是一个国家内部的事情,而是涉及全人类共同福祉和价值追求的事情。"各民族的原始封闭状态由于日益完善的生产方式、交往以及因交往而自然形成的不同民族之间的分工消灭得越是彻底,历史也就越是成为世界历史。"[①]

1.民族问题在世界历史视野中的影响及其本质

随着生产力的发展和交往水平的普遍提高,个人历史走向人类历史,民族历史走向世界历史。全球化是世界历史发展到一定阶段的产物,现代化是全球化的必然选择。在今天,我们要想深入考察民族问题在世界历史视野中的影响及其本质,就应当将分析民族国家与全球化的关系、民族国家与资本主义现代化的关系作为解决这一问题的关键。其原因有两点:第一,在全球化视域中,民族问题何以影响愈来愈大的内在机理由此得以更好地彰显;第二,在资本主义主导的现代化进程中,民族冲突何以频繁发生的内在原因由此得以更好地被揭示出来。

具体而言,民族问题在全球化视域中的影响愈来愈大。从民族国家与全球化的关系来看,全球一体化的趋势没有改变,改变的是民族问题的世界性、复杂性和广泛性的程度。在民族国家之间相互融合并日益呈现出世界整体化的趋势

---

① 《马克思恩格斯文集》(第一卷),人民出版社,2009 年,第 540~541 页。

下，处于其中的个人、民族国家和国际组织等都将对人类生存发展的方式和路径产生越来越具有决定意义的影响。这启示我们，要辩证认识民族国家和全球化问题，"解决好民族性问题，就有更强能力去解决世界性问题"[①]。

在资本主义主导的现代化模式中，民族国家之间的相处原则不是各民族的平等发展，而是以资本增殖、殖民扩张和霸权主义为本质特征。从民族国家与资本主义现代化的关系来看，西方国家在进行资本主义现代化的过程中，以资本增殖为目的，通过不平等的方式攫取其他落后国家的资源，带有明显的剥削与压迫性质。这种霸权主义思维不仅体现在经济与贸易往来等显性层面，更深刻体现在价值殖民、强权文化等隐性层面。从这个意义上来说，现代化发展的不平衡性是世界范围内民族冲突频繁发生的内在原因。要想解决现代化进程中发展的不平衡性，打破西方国家主导的现代化模式，世界上不同的民族国家就应当坚持走独立自主的现代化道路，从本国的实际情况出发，找寻解决民族问题的正确道路。

2.铸牢中华民族共同体意识以人类命运共同体意识为发展方向

铸牢中华民族共同体意识主要涉及中华民族大家庭中各民族之间的关系。人类命运共同体意识主要涉及世界各个国家和各民族之间的关系。就二者的关系而言，人类命运共同体意识体现了中华民族为民族谋复兴、为世界谋和平和追求人类发展进步的使命担当，成为铸牢中华民族共同体意识的发展方向。

中华民族要想始终做世界和平的建设者、全球发展的贡献者、国际秩序的维护者，就要进一步将中华民族的民族复兴使命与人类社会的世界大同使命联系起来，在推动构建人类命运共同体的过程中铸牢中华民族共同体意识。当资本主义现代化危机在深层次上指向人类前途命运之时，人类命运共同体意识应

[①]　习近平：《在哲学社会科学工作座谈会上的讲话》，人民出版社，2016 年，第 18 页。

运而生。人类命运共同体意识作为一种以人类为本位的全新思维方式,打破了长期以来被西方国家惯用的霸权主义和零和博弈等旧的思维方式,始终坚持"和平发展"和"和平崛起"的和谐共处理念,始终秉持"可持续发展"和"绿色发展"的生态发展理念,始终保有"为民族谋复兴"和"为世界谋大同"的大国责任。由于历史原因,经历过民族解放运动的国家大多是发展中国家,它们大多数还处于弱势地位,成为发达国家掠夺资源、发动战争和不公平交易的主要对象。人类命运共同体意识致力于解决不同民族国家在现代化过程中遇到的诸多不平等问题,特别是维护发展中国家的利益,"使全球治理体系更好地反映国际格局的变化,更加平衡地反映大多数国家特别是新兴市场国家和发展中国家的意愿和利益"①。这一目的在世界历史视野中进一步彰显了中国共产党胸怀天下的世界情怀和铸牢中华民族共同体意识的发展方向。

3.铸牢中华民族共同体意识为构建人类命运共同体提供强大的精神动力

习近平总书记指出:"中国共产党所做的一切,就是为中国人民谋幸福、为中华民族谋复兴、为人类谋和平与发展。我们要把自己的事情做好,这本身就是对构建人类命运共同体的贡献。"②其中,铸牢中华民族共同体意识是"把自己的事情做好"的一项重要内容。铸牢中华民族共同体意识内在蕴含的民族认同感,为构建人类命运共同体提供了强大的精神动力,是回应 21 世纪人类发展重大关切的重要思想资源。

从铸牢中华民族共同体意识到人类命运共同体意识,均符合世界历史的发展趋势。从世界历史视野来看,全球化影响着每一个国家的现代化进程,也改变着每一个人的生活方式、思维方式和价值立场,更带来了各民族国家的文化冲突与价值危机。在《共产党宣言》中,马克思和恩格斯指出,全球化的到来标志着

---

① 《习近平新时代中国特色社会主义思想三十讲》,学习出版社,2018 年,第 295 页。
② 《十九大以来重要文献选编》(上),中央文献出版社,2019 年,第 113 页。

一切传统的东西都烟消云散了，资本主义现代化发展的同时也带来了认同的"同质化"或"混合化"。全球化的影响在于，它一方面侵蚀了民族意识，引发了民族意识中的主体性危机；另一方面又没有同化民族意识，反而激发了民族意识中的认同感与凝聚力。在今天，民族自治和民族解放运动依然活跃，民族认同依然具有强大的生命力。特别是在世界面临百年未有之大变局的时代境遇下，铸牢中华民族共同体意识的意义更加凸显。一方面，它是人类命运共同体意识参与全球治理的内部影响因素，中华民族共同体意识的"铸牢"能够为推进中华民族伟大复兴提供稳定团结的国内环境；另一方面，它是推动构建人类命运共同体的基本保障，中华民族共同体意识的"铸牢"能够为构建人类命运共同体积累丰富的精神力量。这表明，铸牢中华民族共同体意识既是一个与实现中华民族伟大复兴战略全局密切相关的民族问题，更是一个与人类命运共同体意识密切相关、影响着世界百年未有之大变局的世界问题。

总的来说，铸牢中华民族共同体意识有助于更好地在处理民族与世界的关系中顺应历史大势。中国共产党人的初心和使命是为中国人民谋幸福，为中华民族谋复兴，为人类进步事业做出更大的贡献。在处理民族与世界关系的问题上，新时代党以铸牢中华民族共同体意识推动构建人类命运共同体，顺应世界历史大势，不仅关注中国发展，还谋求世界发展，使中国共产党人的初心和使命更好地融于胸怀天下的世界情怀之中，不断推动人类历史的车轮向着光明的目标前进。

（二）在世界历史视野中理解和把握人类命运共同体在全球生态文明建设上的具体主张

站在人类命运共同体的高度，我国的生态文明建设不仅着眼于国内，还致力于将生态文明思想拓展至全球。习近平生态文明思想向世界发出全球各国共同行动、应对挑战、解决问题的号召,为建设清洁美丽的人类共同家园贡献了价值理念、行动指南和文明路径等方面的中国智慧。

1.人类命运共同体为化解生态危机提供了价值理念,凸显了全球治理新合力

人类命运共同体主张的价值理念,是在充分强调人类相互依存、命运与共的整体性关系的基础上树立新的全球治理理念,构建新的共同体秩序,在世界和他人的开放性交往中形成一种价值共识。

其一,人类命运共同体从保护生态安全和保护生命安全的角度提倡树立全球治理新理念。人类命运共同体的构建目标是自由人联合体,但在当前它更是一种包含不同文明形态的共同体。乔尔·科威尔《在自然的敌人:资本主义的终结还是世界的毁灭》中提到,特别是在面对共同的生态危机如能源危机、生物安全危机等时,共同体的意义才能更加彰显出来。从保护生态安全的角度而言,共同体蕴含着打破旧有世界秩序的强烈诉求。"共同体是解决生态保护和自由获取资源这对矛盾的方法,它并没有抛弃个人所有权,而是允许我们更多利用资源而产生更少的废弃物。"[1]从保护生命安全的角度而言,全球生态环境的改善意在强调人类的生命关怀这一至高价值,是促进全球共同发展的一面镜子。齐泽克在《通往社会主义的最后出口》中指出:"生态危机的教训在于,我们是自然的一部分而不是自然的中心,所以,我们必须改变我们的生活方式——限制我们的个人主义,发展新的团结,接受我们在我们星球上的生命中的不那么重要的位置。"[2]霍耐特同样提出:"让各个国家学会把自己看作是全球命运共同体的

---

① Derek Wall, *The Rise of the Green Left: Inside the Worldwide Ecosocialist Movement*, Pluto Press, 2010, p.18.

② Slavoj Zizek, *Last Exit to Socialism*, Jacobinmag, https://jacobinmag.com/2021/07/slavoj-zizek-climate-change-global-warming-nature-ecological-crises-socialism-final-exit?fbclid=IwAR2HWPqtnh9SON2R2nz0raCzGR5WpgUDB24MiKEa05IluLKVFtNW3zWeteU.

一员,从而在今后更加强调国家之间的合作而不是竞争。"①这启示我们,解决生态问题,就要从合作对话的长远利益,而不是弱肉强食的进化思想出发;就要超越传统的遏制主义,限制个人利己主义和民族狭隘主义;就要树立全球治理新理念(比如"团结协作""共商、共建、共享"等),为人类创造良好的生产生活环境,为全球生态安全与生命安全做出更大贡献。

其二,树立全球治理新理念,就要打造一种共同体发展新秩序。因为要解决生态危机,就要注重不同国家、不同地区的生态资源在分配、使用和占有上的矛盾与冲突。虽说在自然资源的分配上本来就是不平等的,但自然资源占有的背后隐藏的是人与人、国与国之间的利益纠纷。实现环境正义,从本质上说,跟自然资源没有什么联系,它跟人与人、国与国之间的利益相关。在今天,人类命运共同体既从生命维度上规定人与地球的关系,也从伦理维度上强调人是伦理主体,我们每个人对人类未来的发展走向负有不可推卸的责任。因此,在今天,我们要做的是立足人类社会发展的整体视野,坚定走和平发展之路,引导个体、国家和国际组织从个人本位意识向人类本位意识转化,并通过对话和协商,建立起一套能够为不同国家所接受的价值准则和行为规范,从而打造一种"个体-社会-自然"有机统一、和谐共生的共同体发展新秩序。

2.人类命运共同体为构建人的理想生存方式提供了行动指南,描绘了共建清洁美丽的世界的新画卷

生态问题是全世界的普遍性难题,某一个局部性、区域性的生态问题都有可能逐步波及整个世界,成为全球性的人类危机和生态灾难。保护生态环境是全球面临的共同挑战和肩负的共同责任。人类命运共同体立足于构建人的理想生存方式,将人民需要纳入人类的整体需要之中,拓展了共建清洁美丽的世界

---

① 〔德〕阿克塞尔·霍耐特、〔德〕巴拓识、薛晓源:《学会把自己看作是全球命运共同体的一员》,《光明日报》,2021年1月25日。

的内涵。

其一，人类命运共同体关注人的本质。习近平指出："人，本质上就是文化的人，而不是'物化'的人；是能动的、全面的人，而不是僵化的、'单向度'的人。"[①]何为文化意义上的人？简单来说，就是在社会交往中、在满足人类需要的基础上恢复作为人的类本质的人。在资本主义大工业时期，虽然人们已经找到认识自然和利用自然力的方法，但还不能用类的尺度去把握人与自然的统一关系。马克思所说的人与自然、人与人之间矛盾的真正解决，就应该在人的本质规定中进行整体把握。人类命运共同体的"人类"一词，指的是人类整体，强调将人民需求与人类需要内在统一起来，在人与人的共同交往和集体行动中回归人的类本质。

其二，人类命运共同体强调将资本需要转变为人类需要，将人类需要限制在自然实现自我更新的范围之内。生态资源的有限性与人类需求的无限性之间的矛盾，在资本主义生产方式下转化为资本增殖的无限性与生态资源的有限性之间的矛盾。从人类命运共同体的高度来看，全球生态文明应遵循物的尺度与类的尺度的统一，将资本与生态的矛盾关系转化为人类、资本与自然的辩证统一关系，倡导共建清洁美丽的世界。"以人与自然和谐相处为目标，实现世界的可持续发展和人的全面发展。"[②]

总的来说，我国深度参与全球生态治理，为重塑国际环境新秩序出谋划策，呼吁共同呵护好人类赖以生存与发展的地球家园，其实质是通过人类命运共同体搭建起一座将各国人民需要与人类需要统一起来的行动桥梁，为构建人的理想生存方式而不懈奋斗。

---

① 习近平：《之江之语》，浙江人民出版社，2007年，第150页。
② 《习近平关于社会主义生态文明建设论述摘编》，中央文献出版社，2017年，第131页。

3.人类命运共同体为推进生态文明转向贡献了中国方案,展现了人类文明发展的生态意蕴

人不但是生命共同体中的成员,而且是人类命运共同体中的成员。在人类文明面临重大转向的时代背景下,人类命运共同体从人、自然和社会三者之间的和谐建构出发,将生态文明建设与人类共同命运联系起来,展现了习近平生态文明思想的世界影响力。

其一,在人类命运共同体的构建框架中,求同存异是方向。在涉及生态灾难等关乎人类生死存亡的重大问题上,不同国家及其人群要想突破现存世界秩序的"责任困境",就要树立共同的但有区别的责任意识。在此情形下,我们有可能在相互尊重、平等协商的基础上重塑世界秩序并形成一个强大的共同体。人类命运共同体作为一种引领世界治理由无序到有序的方向性理念,它"不仅着眼于中华民族永续发展,也着眼于人类文明的共同未来,是人类与自然的共生共赢之路,是为人类谋万世之举,体现了中国共产党人的理性自觉、全球视野和国际担当,正在产生广泛而深远的国际影响,成为中国引领人类文明进步方向的鲜明旗帜"①。

其二,人类命运共同体凸显了习近平生态文明思想对推进人类文明生态转向的世界意义。正如恩格斯所言,在实际的历史进程中,人要实现两次提升,第一次是通过劳动将人的本质从物质关系中提升出来,第二次是通过交往将人从社会关系中提升出来。社会主义生态文明建设的意义一方面体现在人对自然的关系不是占有,而是共存;另一方面体现在人与人之间的关系不是纯粹的利益关系,而是建立在共同价值基础上的利益关系、价值关系、安全关系、责任关系等。尤其是面对日益严重的生态环境赤字带来的生态环境危机,人类更加应当

---

① 崔青青:《习近平生态文明思想的世界意义》,《思想理论教育导刊》,2020年第2期。

从文明的角度把握各国携手打造一个"持久和平、普遍安全、共同繁荣、开放包容、清洁美丽的世界"①这一中国方案的时代价值。习近平生态文明思想不仅包含对生态变革模式选择的思考，更包含对未来人类文明发展趋势的长远设想。在全球生态文明建设的转型之路上，我国已经成为全球生态文明建设的"重要参与者、贡献者、引领者"②。

四、以推动构建人类命运共同体为本质要求的中国式现代化有力引领了世界大变局的正确方向

21世纪既是世界历史深度拓展的时代，又是世界历史矛盾频发的时代。人类命运共同体之时代意义的彰显主要体现在引领世界历史走向上。这一中国方案开创了世界历史的新未来，从新世界观的建构、破除"文明冲突论"的认识窠臼、正确处理两制关系和复兴共产主义等方面，为世界历史该往何处去提供了方向性指引。

（一）人类命运共同体为人类文明提供了一种新的世界观

构建人类命运共同体理念，展现了中国共产党为世界谋大同的天下情怀，打破了建立在虚假共同体之上的"历史终结论"的历史界限，为走向真正的共同体提供了一种新的世界观。

---

① 习近平：《决胜全面建成小康社会 夺取新时代中国特色社会主义伟大胜利——在中国共产党第十九次全国代表大会上的报告》，人民出版社，2017年，第58~59页。
② 习近平：《推动我国生态文明建设迈上新台阶》，《求是》，2019年第3期。

福山在苏联解体后作出"历史已经终结"的狂妄论断,将西方的自由民主视为人类意识形态发展的终点。但进入21世纪以来,自由民主制度并没有为西方国家带来持久的繁荣与稳定,经济危机的频发和民粹主义的复苏都在不断证实着新自由主义的衰败,特别是新自由主义主张的价值观充满意识形态控制的色彩。福山后来在《〈历史的终结〉之后》一文中进行了理论反思,转而批判自由主义,指认自由主义无法做到对不同文化的绝对公平。这表明,在两制并存的时代,意识形态和制度的不同不能说明国家之间无法进行文明交往。西方现代社会是以原子式的个人为前提的,以市民社会为基础孕育的近代资产阶级国家必然是原子式的民族国家,由此所形成的共同体也必然是虚假的共同体。中国一开始就不是西方意义上的单一民族国家,而是多民族一体演进、共同繁荣的发展格局。在传统的"家-国-天下"的结构中,天下而非国家代表了终极的思考单位,"从天下去理解世界,也就是要以'世界'作为思考单位去分析问题,超越西方的民族、国家思维模式,也就是要以世界责任为己任,创造世界新理念和世界制度"[①]。人类命运共同体理念本身是马克思主义世界历史思想与传统"天下"理念进行创造性转化和创新性发展的产物,它主张从合作共赢和共生共在的视角来理解世界,主张以整体视角来把握世界,为人类文明提供了一种新的世界观。

(二)构建人类命运共同体破除了"文明冲突论"认识的窠白

构建人类命运共同体在把中国发展与世界发展融为一体的过程中,主张抛弃"国强必霸"的文明观,不刻意制造文明优劣论和文明替代论,积极维护人类文明的多样性,以求同取代同化,以共赢取代独占,避免产生各种文明的冲突和

---

① 赵汀阳:《天下体系:世界制度哲学导论》,中国人民大学出版社,2011年,第2页。

对抗。

　　不同文明类型之间发生冲突是有限定条件的。"只有一味夸大自身文明的普遍性而凌驾于其他文明之上,抑或在片面强调自身文明的特殊性而忽视或否定其他文明的价值,因而拒斥不同文明的交流互见,才有可能导致亨廷顿所谓的文明冲突。"①西方主要发达资本主义国家试图把资本主导的价值观引入世界历史,亦即通常所谓的"普世价值"。具体表现为:它在现实的交往关系中主张单边主义,而在意识形态中却主张"普世价值",这充分暴露出资本主导的文明形态所固有的内在矛盾。正是因为如此,"普世价值本质上是马克思所批判的'虚幻的共同体'的意识形态"②。亨廷顿也在《文明的冲突》中提道:"普世文明的概念是西方文明的独特产物。19 世纪,'白人的责任'的思想有助于为西方扩大对非西方社会的政治经济统治作辩护。20 世纪末,普世文明的概念有助于为西方对其他社会的文化统治和那些社会模仿西方的实践和体制的需要作辩护。普世主义是西方对付非西方社会的意识形态。"③人类命运共同体内含的共同价值与"普世价值"最大的不同在于,前者将全人类根本利益的实现和人的全面发展作为最高价值目标;后者在本质上是一种西方文化霸权主义和文化殖民主义,是西方世界制造的意识形态陷阱。这种不同在很大程度上源于其是否尊重文明的多样性,是否正视文明差异。文明差异不应该成为世界冲突的根源,反而构成文明进步的动力。"人类文明多样性是世界的基本特征,也是人类进步的源泉……不同文明要取长补短、共同进步,让文明交流互鉴成为推动人类社会进步的动力、维护世界和平的纽带。"④中国向世界发出的全球发展倡议、全球安全倡议、

---

　　① 杨洪源:《人类命运共同体思想的文明"术语革命"》,《中共中央党校(国家行政学院)学报》,2022年第 3 期。

　　② 吴宏政:《世界变局中的"历史确定性"》,《马克思主义理论学科研究》,2023 年第 3 期。

　　③ [美]塞缪尔·亨廷顿:《文明的冲突与世界秩序的重建》,周琪等译,新华出版社,2010 年,第 45 页。

　　④ 习近平:《论坚持推动构建人类命运共同体》,中央文献出版社,2018 年,第 421 页。

全球文明倡议这三个倡议,贯穿于始终并不断强调的,就是中国要和世界人民一起构建人类命运共同体,给各国人民带来符合和平发展趋势的和平方案、发展方案和文明方案,这超越了"文明冲突论"的认识窠臼,为构建新型国际关系和全球化新秩序提供了中国方案。

(三)构建人类命运共同体为正确处理两制关系提供了解决之道

"就当代世界的整体格局而言,不是所谓'文明的冲突'或所谓'全球性问题'决定历史的方向,而是社会主义和资本主义两条道路、两种社会制度的斗争依然决定着当代人类命运和出路,因而依然是当代世界的主要矛盾。"①在有利于社会主义的发展态势下,中国共产党以推动构建人类命运共同体为主线,克服资本主义的制度弊端和交往弊病,充分展示社会主义制度的优越性,为正确处理社会主义和资本主义的关系提供了解决之道。

首先,在全球化发展的历史拐点,这一理念着眼于全人类的共同利益和共同福祉,将人类真正作为一个整体来看待,并把人民主体与人类主体有机统一起来。随着历史日益转变为世界历史,尤其是进入资本主义与社会主义并存的世界历史阶段,人类交往已经走向世界性交往,各民族国家之间的发展逐渐呈现出互相影响、互相制约的局面。但是也出现了以前没有出现过的新问题,如资本主义为了自身的发展采取了一些改良性的社会主义举措,这与社会主义在形式上看起来极为相似,却具有完全不同的性质。可以肯定的是,在后全球化景观下,资本主义国家作出了很多的政策调整,这一度让福山认为历史已经终结。但是当 2008 年金融危机爆发后,资本主义再次陷入发展困境,资本主义的全球性

---

① 侯惠勤:《习近平新时代中国特色社会主义思想的世界观方法论创新逻辑》,《马克思主义研究》,2023 年第 2 期。

扩张的动因依旧是资本逐利的游戏,其内生性矛盾无法根除。虽然现在的世界历史是由资本主义开辟并主导的,但是资本主义主导的世界历史既是一种引领进步的力量,因为它为其他国家走向现代化创造了先决条件,也是一种制造落后的力量,因为它凭借隐性的债务控制、经济控制、政治控制、金融控制促使其他国家和地区沦为世界历史的配角甚至附庸。在新自由主义大行其道的时间里,由于资本的逐利运动,主要发达资本主义国家能够在陷入危机以后迅速自我修复并再次发展起来。正是由于资本主义制度下全球危机的频发,各种处理危机的方法和手段将变得越来越少,这使得资本主义国家在世界历史转向阶段陷入被动局面。与此不同的是,作为一种整体性的思维方式,人类命运共同体主张建设"持久和平、普遍安全、共同繁荣、开放包容、清洁美丽的世界"①,这是一种囊括了经济、政治、文化、社会和生态等方方面面的新型全球治理观,这种观念以一种更加包容的方式去处理资本主义生产方式带来的利害关系,试图用共同体理念在百年未有之大变局的时代找到维持各国利益的最大平衡点,以此为混乱的国际秩序和全球治理带来生机,为世界历史的新发展增添色彩。对此,习近平总书记指出,构建人类命运共同体就是要把世界各国人民对美好生活的向往变成现实,造福世界人民;必须依靠世界人民,让世界各国人民普遍参与进来;必须着眼于世界人民的切身利益,兼顾彼此核心利益和重大关切。

其次,在两制并存的时代,人类命运共同体理念尝试拯救已被资本逻辑异化的现代社会中的原子化个体,自觉承担起守护人的生存、超越对抗与趋向人类解放的历史使命。在资本全球化时代,世界历史的最终关注点不是资本问题,而是人类的前途命运。21世纪马克思主义考虑的问题是如何更好地探索社会主义与资本主义的交往框架。如今战争、自然灾害等成为不同国家之间共同面对

---

① 习近平:《决胜全面建成小康社会 夺取新时代中国特色社会主义伟大胜利——在中国共产党第十九次全国代表大会上的报告》,人民出版社,2017年,第58~59页。

的问题,这些问题的解决需要更新以往的利己主义思维方式,超越传统的资本主义与社会主义的制度和意识形态上的框架,站在共同体的高度思考人类社会该往何处去。因为理想的社会形态能够最大限度地包容资本带来的时空局限性,最大限度地发挥人的积极性,在引领世界历史的发展趋势中塑造"人人为我,我为人人"的新的世界历史格局。正如习近平总书记所言,已经"没有哪个国家能够独自应对人类面临的各种挑战,也没有哪个国家能够退回到自我封闭的孤岛"①。而且世界走向一体化的条件是生产力的发展和经济、政治、文化、社会、生态之间的联系日渐密切,不同国家之间的交往已经不单单是经济上的,而是一种"五位一体"意义上的全方位发展。这种情形意味着:处理国际关系的出发点是全人类,而非单个国家。由此而言,人类命运共同体不是一种单向性的外交策略,而是积极融入全球治理、处理全球危机的新时代方案。

(四)人类命运共同体为复兴共产主义提供新的思考方式

基于对世界历史转向的现实分析,在当今资本主义与共产主义共存的世界格局中,没有哪一种力量能够突破世界历史的界限而直接进入共产主义社会。虽然在现实层面上,这种共产主义的全面到来还远未达到马克思和恩格斯希望的那般,共产主义因素并没有得到彻底的释放,但是构建人类命运共同体却为21世纪共产主义的复兴提供了新的思考方式。

21世纪初,资本主义开始走下坡路,2008年的金融危机作为一个前奏,敲响了资本主义走向衰败的钟声,前有萨科齐当选为总统后左翼的愤怒,后有福山宣布"历史终结论"后对资本主义国家的制度反思。如今,逆全球化、贸易保护

---

① 习近平:《决胜全面建成小康社会 夺取新时代中国特色社会主义伟大胜利——在中国共产党第十九次全国代表大会上的报告》,人民出版社,2017年,第58页。

主义、财富分化加剧、文明冲突的升级等潮流有增无减,这种潮流背后都是资本主义自救的方式和迂回反抗,这从反面证明了资本主义带来了先前任何一个时代都无法比拟的繁荣,也将人们带入了无尽的痛苦和矛盾的泥淖。资本主义危机的背后是不可调和的生产方式危机,表现为资本主义生产资料的私有制性质与生产社会化之间的矛盾关系。正是在这种情境下,西方左翼学者们喊出了这个时代是复兴共产主义最好的时代。因为 21 世纪的现实状态与 19 世纪,而不是与 20 世纪更相似。换言之,是更接近马克思,而不是列宁。正因为如此,21 世纪的共产主义意味着我们需要回到 19 世纪的马克思和恩格斯那里,并在 21 世纪重新找到实现共产主义的现实路径。从这个意义上说,21 世纪的世界历史需要的思维方式不再是资本主义的,而应该是共产主义的。这里思考的重点是:世界历史该往何处去。马克思始终将对这一问题的思考与人类自身发展的历史紧密结合在一起,认为社会形态更替的目的是实现人的自由全面发展。在这一过程中,人类需要实现从民族的、区域的历史向世界历史的跨越,需要实现从人的孤立向人的联合的共产主义历史的跨越。这里,资本主义发展阶段的世界历史从来都不是多余的, 而是为社会主义和共产主义的发展提供了必需的物质条件。因此,人类命运共同体作为一种诠释世界历史当代现状的理念,不仅立足回应资本主义到底怎么了,还立足诠释人类如何扬弃异化、实现自由全面发展的现实方案。

　　进言之,人类命运共同体是一种立足世界历史未来走向的基础之上形成的理念。因为世界正处于百年未有之大变局,国际秩序正进入由"旧的有序"向"新的有序"过渡的"无序"阶段。在"无序"阶段,争取人类自由和平等的斗争首先是从共同体理念开始的,只有在这一价值观的引领下,国际政治经济新秩序才有望朝着更好的方向发展。之前的情形是,资本主义国家实行的新自由主义政策原本是想解决问题,却本身构成了问题的一部分。甚至可以说,这些中心民族国家的空间扩张影响了整个国际体系的结构,他们已经通过短期利润带来了不均衡的地理发展态势和资源分配状况,显露出通过牺牲他人来满足自身利益的企图,这种行径不利于世界向着共同体的方向发展。事到如今,问题不再是经济积累的结构性危机、国家治理体系危机,更本质的是全球化危机,这里的全球化危机体现为整个世界的风险性和脆弱性在不断增加。在此意义上,人类命运共同体意在解决世界体系下经济、政治和社会关系相分离的趋势,通过共同体的形式将各个国家更加紧密地联系在一起。正如习近平总书记所言:"人类命运共同体,顾名思义,就是每个民族、每个国家的前途命运都紧紧联系在一起,应该风雨同舟,荣辱与共,努力把我们生于斯、长于斯的这个星球建成一个和睦的大家庭,把世界各国人民对美好生活的向往变成现实。"①

总的来说,资本主义的世界历史,就是资本剥削劳动、扩大世界市场的历史。在此,资本主义作为资本的附庸品,在谋求自身发展的同时也为自己戴上了枷锁,宣示了其发展的不可持续性。在当前全球化重塑的时代背景下,全球化危机的频发会将资本主义一步步带进坟墓,共产主义因素在资本主义社会的不断渗透也证明了这一点。在生产力没有高度发达、更高级的社会形态尚未到来的情况下,人类命运共同体理念为世界历史的当代发展提供了一种新的解决思路。正如恩格斯指出的:"我所在的党并没有任何一劳永逸的现成方案。我们对未来非资本主义社会区别于现代社会的特征的看法,是从历史事实和发展过程中得出的确切的结论;不结合这些事实和过程去加以阐明,就没有任何理论价值和实际价值。"②作为世界历史发展的一个新阶段,人类命运共同体理念拓宽了马克思主义世界历史思想,打破了资本主义国家在意识形态和制度上对其他国家进行控制的枷锁,进一步丰富了 21 世纪马克思主义的科学内涵。同样,我

---

① 《习近平谈治国理政》(第三卷),外文出版社,2020 年,第 433 页。

② 《马克思恩格斯文集》(第十卷),人民出版社,2009 年,第 548 页。

们也要清醒认识到,世界历史产生的条件,在今天更加强化而非衰落。资本主义开辟世界历史后所产生的问题同样是我们今天所要面对的问题,这就意味着世界历史转向的过程必将是艰难而久远的。只有顺应世界历史的发展潮流,坚持中国特色社会主义,我们才不会失去前所未有的世界历史大转型的机遇。

结　语

推动世界历史进入新的发展阶段,即从资本主导下的世界历史转向以人类共同命运为主导的世界历史,让世界历史产生实质性转向,是习近平新时代中国特色社会主义思想对 21 世纪马克思主义做出的重大时代贡献。从实践层面上来说,以推动构建人类命运共同体为本质要求的中国式现代化摒弃了通过战争、殖民和掠夺等方式进行交往的老路,找到了一种通过合作共赢实现共同发展、和平发展的交往新形式。从理论层面上来说,人类命运共同体理念在新时代背景下重塑了社会主义与资本主义之间的关系,为世界历史的转向提供了一种思维上的革命,有力引领了世界大变局的正确方向。可以说,推动构建人类命运共同体作为中国式现代化的本质要求之一,作为习近平新时代中国特色社会主义思想的重要组成部分,昭示了中国特色社会主义文明创造的光明前景。中国特色社会主义这一人类文明新形态是更加接近于共产主义现实性的一步,其时代价值将在世界历史的当代转向中进一步彰显。

第五章 中国式现代化
推动了世界历史的文明转向①

在世界百年未有之大变局加速演进中，人类文明正进入前所未有的转向时代，人类文明的发展亟待新的文明形态②的出现。习近平总书记在学习贯彻党的二十大精神研讨班开班式上的讲话中提出"中国式现代化……是一种全新的人类文明形态"③，这一重大判断在发展方式与文明形态相统一的意义上回答了人类文明向何处去，打破了以往对既有发展道路与文明形态单一性及其内在分裂的错误认知。在考察当今世界的发展态势、问题和趋势时，习近平总书记还

① 站在世界历史的高度，我们发现，当今世界正经历百年未有之大变局，人类文明正进入前所未有的大转型时代。依据马克思主义世界历史思想，我们将世界历史的文明转向界定为三次转向。在历史向世界历史的转变中，资本主义生产方式占据主导地位，出现了世界历史的资本主义文明形态的转向；在资本主义与社会主义共存的世界历史中，资本主义生产方式与社会主义生产方式存在于不同的国家，出现了世界历史的社会主义文明形态的转向；在资本主义向社会主义过渡的世界历史中，社会主义生产方式取得优势地位，出现了世界历史的共产主义文明形态的转向。

② 一般来说，文明形态的内涵要比社会形态更广。文明形态作为人类文明的类型划分及其基本单位，有两方面内涵：一是在时间上描述人类历史发展不同阶段的文明样态（比如，按照"三形态"的划分标准，文明形态与社会形态同义），二是在空间上描绘不同地域或民族的文明样态。

③ 《习近平在学习贯彻党的二十大精神研讨班开班式上发表重要讲话强调 正确理解和大力推进中国式现代化》，《人民日报》，2023年2月8日。

强调"要站在世界历史的高度审视当今世界发展趋势和面临的重大问题"①。世界历史是把握中国式现代化何以是一种全新的人类文明形态的关键视角。在建构 21 世纪马克思主义的自主知识体系中,将"中国式现代化是一种全新的人类文明形态"这一重大判断放置于世界历史的场域中,我们能够更深刻地理解为什么人类发展道路的新开拓同时意味着人类文明创造的新高度,更深刻地总结中国式现代化对推动世界历史文明转向的重大贡献,从而更好地丰富中国式现代化的理论体系和推进 21 世纪马克思主义的创新发展。

一、研究综述

关于人类文明新形态的研究,目前学界主要有以下三个研究方向:

首先,如何理解人类文明新形态。关于人类文明新形态的理解有四种:第一,人类文明新形态是中华文明的当代形态、社会主义文明的中国形态、现代化文明的超越形态。第二,人类文明新形态以中国共产党的领导为支撑力量,以中国特色社会主义为鲜明底色,以五个文明为主体要素,以人民为中心为价值内核,以构建人类命运共同体为世界治理目标。第三,"人类文明新形态"是在科学社会主义原则下,中国共产党在社会主义现代化道路上集成物质文明、政治文明、精神文明、社会文明与生态文明而开创的新的文明样态,有五个方面的规定:一是在经济上实现生产力的"巨大增长和高度发展",这是"绝对必需的实际前提";二是在生产关系上建立生产资料公有制,"生产将以所有人的富裕为目的";三是在分配方式上实行按劳分配,实现平等;四是在政治上建立"新的真正

① 《十九大以来重要文献选编》(上),中央文献出版社,2019 年,第 432 页。

民主的国家政权",实现最广泛、最真实的民主;五是在社会发展中不断促进整体的人的全面发展,最终实现每个人的全面而自由发展。第四,从"五新"角度来把握人类文明新形态。"人类文明新形态"是一个社会形态新概念,是一个社会发展新概念,是21世纪马克思主义中国化新概念,是世界历史进程中的新概念,是与人类命运共同体相联系的新概念。

其次,中国式现代化何以是一种人类文明新形态。中国式现代化能够升级为人类文明新形态的原因主要有以下两种:第一,中国特色社会主义实现了马克思主义与中华文明的交融,并且二者在这种交融中相互激发,一方面实现了马克思主义对中华文明的现代再造,另一方面也实现了中华文明对现代社会主义内在本质及其特性的全新赋能;第二,中国式现代化根植于中华优秀传统文化,中华文明、中国历史、中国共产党和中国人民分别构成了中国式现代化的文明主体性、历史主体性和实践主体性。

最后,人类文明新形态的世界历史意义。一种是从世界历史走向的角度来说,由中国特色社会主义开创的人类文明新形态不仅是"中国"的文明新形态,而且是"人类"的文明新形态,它创造性地提出了在两大制度并存的时代条件下通过中国特色社会主义道路发展出超越资本主义文明形态的社会主义"新文明形态"的理论,占据了百年未有之大变局的世界历史方位制高点,推进了科学社会主义的世界历史进程;另一种是从"精神层面"的角度来说,中国式现代化开创的文明新形态,并不限于在器物和制度层面的贡献,更从精神层面彰显了中国道路、民族复兴和中华文明的丰富内涵和独特魅力。

因此,从世界历史文明转向的视野出发,讲清楚什么是人类文明新形态,中国式现代化何以开启了一种人类文明新形态等重要问题,其意义在于能够进一步在世界历史进程中印证马克思主义的真理性和现代化模式的多样性,进一步展示作为人类文明新形态的中国式现代化对人类文明发展做出的世界性贡献。

二、现代化在世界历史中的不同文明形态

在马克思主义构建的世界历史框架中,现代化的主导逻辑与文明形态的确立密不可分、相互影响。在历史向世界历史的转变中,现代化主要呈现为资本主导的现代化和由此生成的资本主义文明形态;在资本主义与社会主义共存的世界历史中,现代化呈现出一种新的文明形态,即国家主导的现代化和由此生成的社会主义文明形态;在资本主义向社会主义过渡的世界历史中,现代化的终极形式表现为劳动主导的现代化和由此生成的共产主义文明形态。

(一)资本主导的现代化与资本主义文明形态

文明形态诞生的动力在于人的现实生产活动,即生产力。生产力是衡量一个社会是否实现现代化的决定性因素。马克思和恩格斯在《共产党宣言》中强调:"资产阶级在它的不到一百年的阶级统治中所创造的生产力,比过去一切世代创造的全部生产力还要多,还要大。"[①]在大工业生产的推动作用下,生产力和世界性交往得以普遍发展,马克思和恩格斯提出了"历史向世界历史转变"的重大时代判断。在这一时代判断之下,他们进一步得出资本主义文明形态形成的本质在于资本主导的现代化的发展。

在资本主义文明形态中,资本和劳动的关系是现代社会体系所围绕旋转的轴心。作为发展生产力的重要因素,资本和劳动都在推动生产力发展方面起着

---

① 《马克思恩格斯文集》(第二卷),人民出版社,2009 年,第 36 页。

重要作用。这里,生产力表现为两种形式:一种是资本的生产力、一种是劳动的生产力。前者本身不是生产力。只有"在资本主义生产方式的基础上,这种无偿的自然力,像一切生产力一样,表现为资本的生产力"①。后者本身是一种生产力。劳动者进行的现实生产活动本身就是生产力。但是由于劳动者与生产资料的分离,劳动者只能以出卖劳动力、依附于资本的形式存在。换言之,资本产生的历史条件是生产资料的占有者在市场上找到出卖自己劳动力的劳动者,"单是这一历史条件就包含着一部世界史"②。因此,资本一出现,就标志着一个以资本为主导的生产方式的形成,"标志着社会生产过程的一个新时代"③。在资本的主导逻辑中,劳动作为生产力的维度被遮蔽,成为为资本生产而不是为自己生产的异化劳动。与此相对,资本作为生产力的维度被彰显,表现为一种具有生产能力的"主体"。

因此,生产力的发展,主要是以资本为主导的生产力的发展所带来的现代化,是资本主义文明形态相较于以往文明形态的最本质区别。马克思在《资本论》中深刻批判了资本主导的现代化,并追问超越资本逻辑的现代化何以可能。这一问题在列宁那里以国家主导的现代化与社会主义文明形态的方式作出了解答。

(二)国家主导的现代化与社会主义文明形态

国家主导的现代化的形成是资本主导的现代化在世界范围内扩张的客观结果。通过被资本裹挟的大工业生产的不断扩大化,资本主义开辟了世界市场,

---

① 《马克思恩格斯文集》(第七卷),人民出版社,2009年,第843页。

②③ 《马克思恩格斯文集》(第五卷),人民出版社,2009年,第198页。

形成了发达国家与落后国家之间的从属关系。正如有学者所言："资本与劳动的对立只有站在国家的高度才能正确理解,或者说,在民族历史向世界历史的转变中,国家权力对于资本与劳动关系的世界历史性发展发挥了至关重要的作用。"①

特别是资本主义从自由资本主义阶段进入垄断资本主义阶段以后,由于资本主导的生产力与生产关系的矛盾运动,以苏联为代表的东方国家为了摆脱资本逻辑的支配和资本主义国家的控制,进行了由工人阶级领导的社会主义革命,开启了资本主义与社会主义并存的世界历史阶段。②在资本主义与社会主义并存的世界历史阶段,其显著特点是制度上的不同。但究其本质而言,这种两制并存格局的形成反映的是在世界市场开辟的条件下,生产力发展的不均衡与国家利益保护之间的深层次矛盾。正如列宁所言,此时的世界已经进入了帝国主义和无产阶级革命时代,具体呈现为"帝国主义国家内部资本与劳动的冲突""帝国主义国家之间的冲突"与"帝国主义与殖民地弱小民族之间的冲突"三者的汇合。

因为在资本逻辑的主导下,生产力与生产关系的矛盾运动不仅作用于民族内部,还会作用于各民族之间的世界性交往活动中,从而"使未开化和半开化的国家从属于文明的国家,使农民的民族从属于资产阶级的民族,使东方从属于西方"③。当交往发展到世界性交往时,一些相对落后的国家内部的生产力与生产关系之间的矛盾就会被激化,外加资本主义国家对这些国家的资源掠夺和领

---

① 李维意、闫淑珊:《构建人类命运共同体的理论源泉——基于马克思恩格斯社会共同体三元结构论视角》,《中国地质大学学报》(社会科学版),2022 年第 3 期。

② 列宁在《对一位专家的公开信的答复》中,把世界历史时代划分为"资产阶级时代和社会主义时代"。

③ 《马克思恩格斯文集》(第二卷),人民出版社,2009 年,第 36 页。

土控制,这些国家的上层建筑也或慢或快地发生变化,从而不可避免地发生世界范围内生产方式矛盾运动所导致的"社会革命"①。

国家逻辑主导的世界历史生成的是社会主义文明形态。在帝国主义和无产阶级革命时代,列宁领导的十月革命打破了世界现代化实践中由资本逻辑宰制和资本主义一统天下的格局,开辟了社会主义现代化道路——主要表现为苏联式现代化,在世界历史中酝酿出社会主义文明形态。在建立世界上第一个社会主义国家以后,苏联进行了一场自上而下、由政治到经济的改革,即在政治上建立高度集权的国家体制,在经济上建立独立的工业体系,形成了一种不同于西方式现代化的国家主导的苏联模式。当然,后来的事实也证明,苏联模式的弊端在于,它以国家垄断制代替了社会公有制,用国家的高度集权体制切断了生产力发展与人的全面发展的内在联系。从这个意义上说,列宁领导的十月革命只是找到了落后国家建立社会主义国家的革命道路,在后来的社会主义建设中,苏联模式的进一步发展使得传统的社会主义现代化陷入人的发展与制度僵化的矛盾之中,致使传统的社会主义现代化只是生成了一种社会主义文明形态,并没有将这一社会主义文明形态的优越性和超越性充分展现出来。

(三)劳动主导的现代化与共产主义文明形态

劳动主导的现代化意味着共产主义文明形态的两个特征:第一,资本的生产力成为社会的生产力,社会生产力得到全面发展;第二,劳动成为人的自由自觉的活动,个人得到全面发展。这里,社会生产力的发展即劳动生产力的发展,它与每个人的全面发展具有高度一致性。正如马克思在1877年《给〈祖国纪事〉

---

①　这里指的是广义的"社会革命",既包括上层建筑的革命,即政治革命;也包括经济基础的革命,即经济革命。

编辑部的信》中强调,劳动主导的现代化重在保证"两个发展",即"保证社会劳动生产力极高度发展"和"保证每个生产者个人最全面的发展"。①

在资本主导的现代化中,马克思和恩格斯系统阐释了以资本为基础的物质性生产活动的秘密与规律,科学分析了资本生产、积累与循环等规律,并揭示出资本不可遏制地追求极致的需求必然受到自身性质的限制。如果作为资本的生产力不受控制的话,它对生产发展的内在界限就会始终存在,社会生产力的发展与人的全面发展的内在矛盾也会始终存在。"资本本身就是这种趋势的最大限制"②的矛盾运动规律,进一步指明了工人阶级的历史使命与世界历史的发展趋势是走向共产主义文明形态。

共产主义文明形态是一个劳动主导的现代化社会。正如马克思所说的:"只要社会还没有围绕着劳动这个太阳旋转,它就绝不可能达到均衡。"③在向"围绕着劳动这个太阳旋转"的现代社会转型中,劳动者的联合是一切国家共同面对的世界性问题。"劳动的解放既不是一个地方的问题,也不是一个国家的问题,而是涉及存在现代社会的一切国家的社会问题,它的解决有赖于最先进的国家在实践上和理论上的合作。"④马克思之所以高度关注资本的殖民扩张和世界无产阶级革命问题,是因为资本主导的现代化在世界市场开辟和现代民族国家发展的条件下,能够为共产主义文明形态创造必要的历史前提。因为"资产阶级社会的真正任务是建成世界市场(至少是一个轮廓)和确立以这种市场为基础的生产。因为地球是圆的,所以随着加利福尼亚和澳大利亚的殖民地化,随着中国和日本的门户开放,这个过程看来已完成了。对我们来说,困难的问题是:大

---

① 《马克思恩格斯文集》(第三卷),人民出版社,2009年,第466页。
② 《马克思恩格斯文集》(第八卷),人民出版社,2009年,第91页。
③ 《马克思恩格斯全集》(第18卷),人民出版社,1964年,第627页。
④ 《马克思恩格斯文集》(第三卷),人民出版社,2009年,第226页。

陆上革命已经迫在眉睫,并将立即具有社会主义的性质"①。一旦以资本为基础的生产和交换扩展到全世界,资产阶级的世界市场必然会产生深刻的社会危机,这个社会危机会在发达国家和落后国家之间产生不同的现实效应。对发达资本主义国家而言,由资本主义文明主导的世界历史只是一个暂时状态,它不仅表现为资本全球扩张的空间运动过程,而且还表现为世界历史由资本主义向社会主义和共产主义转变。这是世界历史发展的客观规律。对落后的东方国家而言,一旦"社会革命"的条件具备,这些殖民地国家进行的社会革命会自觉带有社会主义的性质。

因此,生产力的发展,主要是以劳动为主导的生产力的发展所带来的现代化,是共产主义文明形态的典型特征。在马克思和恩格斯构想的理想社会形态中,生产力的发展和人的发展统一于共产主义社会。在共产主义文明形态中,个人作为"社会存在物"与社会作为"联合起来的个人"是内在一致的。今天,中国共产党领导人民进行的社会主义现代化建设的最终目标也在于此。

总之,不同逻辑主导的现代化所处的世界历史阶段呈现出不同的文明形态。资本主导的现代化表现为资本的生产力对经济基础与上层建筑构成的资本主义文明形态的绝对统摄,这是西方式现代化的典型表现。国家主导的现代化表现为包括国家在内的上层建筑对经济基础以及由此生成的社会主义文明形态的绝对统摄,这是苏联式现代化的典型表现。就中国式现代化的历史方位而言,它在世界历史的场域中展开,既受到资本占主导地位的资本主义文明形态的影响,也受到国家占主导地位的社会主义文明形态的影响,还将以劳动占主导地位的共产主义文明形态为建构目标。立足中国式现代化的历史方位,它的时代任务体现为:要充分占有现代文明的积极成果,完成能够比肩资本主义生

---

① 《马克思恩格斯文集》(第十卷),人民出版社,2009 年,第 166 页。

产力水平的现代化任务,还要进一步扬弃并超越资本主义现代化和传统社会主义现代化,独立自主地开创一条崭新的发展道路,从而在展现高度现实性和普遍性的同时开启一种全新的人类文明形态。

三、中国式现代化何以是一种全新的人类文明形态①

在今天,我们依然处于马克思主义所指明的大的历史时代,即资本主义主导的、由资本主义向社会主义过渡的时代。在这个大的历史时代,不同的文明形态呈现出不同的发展方式:资本逻辑主导的世界历史生成与发展的是西方式现代化,国家逻辑主导的世界历史生成与发展的是苏联式现代化,劳动逻辑主导的世界历史生成与发展的是真正的现代化,即共产主义社会。中国式现代化充分占有西方式现代化和苏联式现代化的文明成果,既不走改旗易帜的邪路,也不走封闭僵化的老路,而是坚定不移走中国特色社会主义道路,从而在完成现代化任务的同时开启了一种全新的人类文明形态。党的二十大报告概括出的中国式现代化理论,是对世界现代化理论和实践的重大创新。在此,我们大致可以从人类社会基本矛盾(生产力②与生产关系、经济基础与上层建筑)和人类文明新形态之"新"这两个问题,简要分析中国式现代化何以是一种全新的人类文明形态。

---

① 中国特色社会主义作为一种文明新形态,是中国在实现现代化过程中形成的文明形态。一般来说,"中国式现代化"是比"中国特色社会主义"更狭义的概念,主要指称中国特色社会主义的发展目标和发展战略,但由于其重要性和标志性因而也可以用来描述"中国特色社会主义"。(参见刘建军:《论中国特色社会主义创造了人类文明新形态》,《中国社会科学》,2023 年第 3 期。)

② 生产力是人们在生产活动中形成的一种社会力量,因此马克思一般把生产力称为"社会生产力"。"社会生产力"是一个内容丰富的科学范畴,我们可以将它的内容界定为五重维度,即物质维度、政治维度、文化维度、社会维度和生态维度。

（一）从人类社会基本矛盾出发分析
中国式现代化何以是一种人类文明新形态

党的二十大报告明确提道："明确我国社会主要矛盾是人民日益增长的美好生活需要和不平衡不充分的发展之间的矛盾，并紧紧围绕这个社会主要矛盾推进各项工作，不断丰富和发展人类文明新形态。"①马克思主义认为，生产力是全部社会生活的物质前提，同生产力发展一定阶段相适应的生产关系的总和构成社会经济基础。生产力和生产关系、经济基础和上层建筑相互作用、相互制约，共同支配着人类文明进步的进程。人类文明进步是物质文明、精神文明、政治文明、社会文明与生态文明等协调发展的"自然历史过程"，衡量人类文明进步的基本尺度是坚持生产力发展与生产关系的协调统一、经济基础与上层建筑的共同发展。

从生产力发展与生产关系协调统一的角度而言，发展社会生产力是世界各国实现现代化的共同特征。习近平总书记强调："一个和平发展的世界应该承载不同形态的文明，必须兼容走向现代化的多样道路。"②中国式现代化是一条中国人自己走出来的路，也是一种致力于世界和平发展的文明形态。我们所走出的这条路的独特之处在于：它在整体上推进社会生产力的发展，注重资本作为生产要素的创新价值，通过依靠社会主义国家的整体性力量，明确了资本的发展方向，从而正确处理了生产力与生产关系不相适应的矛盾，找到了一条进行世界现代化实践的现实道路。

---

① 习近平：《高举中国特色社会主义伟大旗帜　为全面建设社会主义现代化国家而团结奋斗——在中国共产党第二十次全国代表大会上的报告》，人民出版社，2022年，第7页。

② 习近平：《坚定信心　共克时艰　共建更加美好的世界——在第七十六届联合国大会一般性辩论上的讲话》，《人民日报》，2021年9月22日。

中国式现代化强调社会生产力的全面发展。从狭义上来说,生产力是人能动地改造自然界的客观物质力量,反映的是人与自然的关系。从广义上来说,生产力是人能动地改造自然、改造社会和改造自身的客观物质力量。中国式现代化是关涉"五大文明"的建设,注重经济、政治、文化、社会和生态的全面协调发展。这"五大文明"的建设在社会生产力上具体体现为:在经济上,中国式现代化是实现高质量发展的现代化,即通过构建高水平社会主义市场经济体系,构建现代化产业体系和全面推进乡村振兴,着力推进生产力的高质量发展;在政治上,中国式现代化是发展全过程人民民主的现代化,即坚定不移走中国特色社会主义政治发展道路,通过发展全过程人民民主,激发人民群众政治参与的主动性和创造性,保证现代化的政治方向是人民民主;在文化上,中国式现代化是丰富人民精神世界的现代化,即通过大力发展社会主义先进文化,传承中华文明,加强理想信念教育,促进人的精神富有;在社会上,中国式现代化是实现全体人民共同富裕的现代化,即通过完善分配制度、健全社会保障体系等举措,扎实推进共同富裕;在生态上,中国式现代化是促进人与自然和谐共生的现代化,即通过坚定不移走生产发展、生活富裕、生态良好的文明发展道路,实现人与自然的和谐共生。

同时,中国式现代化注重资本作为生产要素的创新价值。实现物的现代化是社会主义现代化建设的中心任务。在资本主义生产方式依然处于主导地位的时代,资本主义文明形态呈现出两面性。就文明面而言,资本逻辑解构了传统生产关系和旧的社会关系,塑造了新的生产方式和社会关系,为解放和发展生产力开辟道路;就罪恶面而言,在资本主义社会,人的相对独立性建立在对物的依赖性的基础上,人不再是社会关系的主体,人的逻辑让位于资本逻辑。进言之,由于资本的生产力的存在,生产力的发展与人的发展的联系被阻断,人成为被资本奴役的对象。总的来看,中国共产党领导的中国式现代化对待资本的方式有三个:第一,对生产力的性质作出前提规定。生产力的发展是社会生产力的发展,不是资本的生产力的发展,这是发展生产力的前提规定。第二,摆正资本的位置。资本可以作为一种生产要素,也可以作为一种生产关系。就资本的积极意义而言,它作为一种生产要素,对社会生产力的发展起促进作用;就资本的消极意义而言,它作为一种生产关系,却对社会生产力的发展起阻碍作用。基于此,中国式现代化强调的是资本作为生产要素的创新价值,充分发挥资本在市场经济中的资源配置功能。

从经济基础与上层建筑共同发展的角度而言,中国式现代化强调社会主义国家的整体性力量。具体而言,现代化建设要依靠社会主义国家的整体性力量,给资本设置红绿灯,防范资本的无序发展,并从政党领导、人民主体性、所有制结构、分配制度等角度内在规定了资本的发展方向。反观苏联式现代化,这一现代化模式只是从形式上消灭了资本对劳动的奴役,却又从国家制度上宰制了人的劳动,使社会主义制度的优越性没有真正发挥出来。这里,社会主义国家的整体性力量主要是指:国家是社会主义市场经济条件下劳动与资本相互平衡的重要力量,它的权力作用主要通过优化市场环境,积极规范和引导资本健康发展,提高全体人民的历史主动精神,不断扩大对外开放水平等表现出来。简言之,国家对市场机制具有约束作用。波兰尼曾在《大转型:我们时代的政治与经济起源》中尖锐地指出:"如果允许市场机制成为人的命运、人的自然环境,或者哪怕是他的购买力的数量和用途的唯一主宰,那么它就会导致社会的毁灭。"[1]

---

① [英]波兰尼:《大转型:我们时代的政治与经济起源》,冯钢、刘阳译,当代世界出版社,2020年,第74页。

（二）人类文明新形态之“新”在哪里？

人类文明新形态之“新”体现在两点：第一，中国式现代化是对传统社会主义文明的超越；第二，中国式现代化是面向人类未来的现代文明形态。正如习近平总书记所言："中国式现代化既切合中国实际，体现了社会主义建设规律，也体现了人类社会发展规律。"①

作为人类文明新形态的中国式现代化是对人类社会发展规律的新认识。第一，历史唯物主义是一门认识人类社会发展规律的历史科学。根据历史唯物主义的基本规定，我们发现，中国式现代化是这样一个以"一种新的科学的世界观作为理论的基础"的理论，它将唯物史观与本国的"经济条件和政治条件"相结合，是对马克思主义世界观和方法论的创造性运用。恩格斯曾指出："马克思的历史理论是任何坚定不移和始终一贯的革命策略的基本条件；为了找到这种策略，需要的只是把这一理论应用于本国的经济条件和政治条件。"②第二，科学社会主义是一门发现实现人类解放的条件的学说。人类社会发展的最终走向是人类解放。中华文明内含的独特价值标识和文化底蕴为中国式现代化所开创的人类文明新形态注入了中华文明更深沉、更持久的精神力量，这一中华民族最深层的精神追求同科学社会主义价值观主张具有高度契合性。而且人类文明新形态的建立标志着马克思主义在中国的复兴。艾思奇提到自己对"中国化"的理解时指出："马克思主义者所谓的精通马克思主义不仅是指马克思主义的理论研究，而同时是指要能在一定的具体环境之下实践马克思主义，在一定国家的特殊条件之下来进行创造马克思主义的事业。这里就一定有'化'的意思，也就有

---

① 《习近平谈治国理政》（第四卷），外文出版社，2022年，第124页。
② 《马克思恩格斯文集》（第十卷），人民出版社，2009年，第532页。

'创造'的意思。"①在我国,中国共产党领导人民在中国特色社会主义共同理想与共产主义远大理想的辩证统一关系中进行现代化建设,一方面将马克思主义这一科学理论吸收成中国经验,融化在中国现代化道路的探索之中;另一方面是运用中国现代化道路和马克思主义实践出来的经验和成就去发展 21 世纪马克思主义,推进人类文明新形态向理想文明形态迈进。

作为人类文明新形态的中国式现代化是对社会主义建设规律的新认识。首先,中国特色社会主义是科学社会主义在中国的实践,"在一定程度上就是跨越资本主义'卡夫丁峡谷'的社会主义"②。这种实践在世界上人口最多的国家成功创造了中国式现代化,打破了资本至上的霸权逻辑,坚持了人民至上的文明逻辑,实现了社会主义创造文明新形态的伟大创举,在社会主义发展史上实现了从传统向现代的飞跃, 使得社会主义在 21 世纪迸发出新的实践活力与文明价值。其次,人类文明新形态改变了自苏东剧变以来社会主义在全球面临的被动局面,破解了世界社会主义运动的难题,即科学社会主义基本原则如何与本国具体实际相结合、与本国传统文化相结合的难题。人类文明新形态在"两个结合"中向发展中国家证实:一个发展中国家即使不具备先发国家所具备的发展条件,后发国家也可以实现跨越式发展。最后,人类文明新形态的最根本的内在品质和理论逻辑是坚持中国共产党的领导和坚持社会主义制度体系,这既是中国特色社会主义的政治保证和根本性质,也是一百多年来中国社会形态变迁的历史逻辑和必然选择。

因此,中国式现代化用中华五千多年文明滋养现代经济社会发展,不仅用自身的成功实践拓展了发展中国家走向现代化的途径,给世界上那些既希望加

---

①　艾思奇:《艾思奇文集》(第一卷),人民出版社,1981 年,第 481 页。

②　陈学明:《对"人类文明新形态"的若干思考》,《福建师范大学学报》(哲学社会科学版),2021 年第 6 期。

快发展又希望保持自身独立性的国家和民族提供了全新选择,又通过正确处理人与自然、人与社会、人与人以及人与自身关系,回答着"人类文明如何构建"之问,用中国特色社会主义创造出人类文明新形态。

四、作为人类文明新形态的中国式现代化使世界历史发生了有利于社会主义的重大转变

人类文明新形态是中国式现代化开出的文明之果,中国式现代化内生出人类文明新形态。从文明的发展状况来看,文明总是战胜野蛮、较高文明总是战胜较低文明,这是一条永恒的历史规律。作为人类文明新形态的中国式现代化的时代意义在于加快推进这一进程,推动了世界历史的文明转向。其具体体现在:打破了"历史终结论"的界限,驳斥了"社会主义失败论",回应了"人类社会该往何处去",使人类文明朝着共产主义的正确方向发展。

(一)打破了"历史终结论"的界限

中国式现代化所开创的人类文明新形态打破了建立在西方资本主义国家之上的"历史终结论"的界限,"用事实宣告了'历史终结论'的破产,宣告了各国最终都要以西方制度模式为归宿的单线式历史观的破产"[1]。一些实现现代化的西方国家的学者和政要鼓吹"历史终结论",认为资本主义现代化是人类实现现代化的唯一道路、资本主义是人类进行现代化实践的唯一制度选择。中国式现

---

① 《习近平关于社会主义政治建设论述摘编》,中央文献出版社,2017年,第7页。

代化的成功实践,向世界说明了一个道理,治理一个国家,推动一个国家实现现代化,并不只有西方制度模式这一条道路,各国完全可以走出自己的道路来。"走自己的路"是中国共产党带领各族人民经过长期摸索、付出沉重代价后得出的一个基本结论。

第一,打破了西方制度模式"一统天下"的局面,彰显了社会主义的制度优势。苏东剧变以后,美国学者福山提出"历史终结论"。他宣称"资本主义在某种意义上是成为发达国家的必由之路,而僵化的社会主义则是创造财富和现代技术文明的重大障碍, 这一事实在二十世纪最后十年可以说成了人们的普遍共识"[1]。即是说,他认为资本主义的自由民主制度是"人类意识形态发展的终点"和"人类最后一种统治形式"。中国特色社会主义制度在社会形态上超越了资本主义制度,具有合乎历史发展规律的理论优势;在领导力量层面,坚持中国共产党领导,具有"集中力量办大事"的政治优势;在主体建构层面,坚持人民至上,具有保障人民利益、合乎人民认同的价值优势;在实践效能层面,创造了世所罕见的发展奇迹,能够持续推动中国发展,成功应对危机、化解危难,具有显著的治理优势;在国际影响层面,能够为其他国家的制度设计提供中国方案,具有明显的比较优势。[2]这五个层面充分展现了社会主义的制度优势,是对资本主义单一制度模式的终结。

第二,突破了西方传统现代化理论秉持的"单线式"发展观,证明了发展模式的多样性。其中,"历史终结论"的一个典型表现是西方传统现代化理论秉持的现代化的"单线式"发展观,认为所有后发国家的现代化除了以西方发达国家的现代化为样本外别无出路,都要遵循自由主义经济原则并形成追求物质利益

---

① ［美］弗朗西斯·福山:《历史的终结与最后的人》,陈高华译,广西师范大学出版社,2014 年,第117 页。

② 参见黄建军:《中国特色社会主义制度优势的五重意蕴》,《马克思主义研究》,2021 年第 9 期。

的社会文化理念，以此作为进入现代化的必要条件。在此之后，这些国家终将完成物质、观念及社会形态的转化，沿着资本主义发展道路实现从不发达国家发展为达到北美、西欧那样经济社会发展水平的发达国家。①中国式现代化的成功实践证明，发展模式可以是多样的，历史没有终结，也不会终结。

第三，破除了"现代化=西方化"的迷思，找到了摆脱资本主义"内控性"和"剥夺性"的路径。虽然过去的世界历史是由发达资本主义国家主导的，但并不代表发达资本主义国家的发展模式就具有唯一性。同时，发达资本主义国家凭借工业革命以来积累的优势与发展中国家构建了一种"中心–外围"依附体系。处于"中心"的西方现代化国家通过与发展中国家的不平等交换，对发展中国家的资源和劳动力进行剥削，维持自身的繁荣与发展；而发展中国家则由于过度依赖西方国家的技术路径、经济援助等，致使其陷入了独立性与现代化选择的两难境地。中国式现代化在发展道路上创造了生产力与生产关系的新的结合方式，证明社会主义生产方式的可行性，在摆脱资本主义的内控性和剥夺性的同时找到了解决生产力与生产关系矛盾的中国方案，展现了现代化的另一幅图景，为希望独立自主迈向现代化的国家提供了全新选择。就连"历史终结论"的提出者福山也不得不承认，"'后继的'现代化推动者们踏上了一条与先前的现代化推动者们迥然不同的发展道路"②。习近平总书记在庆祝中国共产党成立100周年大会上的讲话中将此经验归结为"走自己的路"。"走自己的路，是党的全部理论和实践立足点，更是党百年奋斗得出的历史结论。"③

中国式现代化是在扬弃西方式现代化的基础上，对人类文明形态演进与跃

---

① 参见董德福、齐培全：《论中国式现代化道路的独特性与超越性》，《思想教育研究》，2022年第4期。

② ［德］多明尼克·萨赫森迈尔、［德］任斯·理德尔、［以］S.N.艾森斯塔德编著：《多元现代性的反思：欧洲、中国及其他的阐释》，郭少棠、王为理译，商务印书馆，2017年，第196页。

③ 习近平：《在庆祝中国共产党成立100周年大会上的讲话》，《人民日报》，2021年7月2日。

升规律的现实化展开。恩格斯曾经指出,社会主义社会不能建立在落后的小生产的基础上,东方落后国家只有把西欧现代工业的生产力作为社会成果用来为整个社会服务的时候,这些落后国家才能走上那种缩短资本主义的发展历程的跨越"卡夫丁峡谷"的道路。这是东方落后国家发展的客观规律。进一步来说,对落后国家走上现代化而言,"非得要把现代化的本质统一性与形式多样性统一起来,把运用资本主义现代化文明的先进性与摆脱资本主义世界历史的剥夺性统一起来"[①]。中国式现代化在资本主义生产方式,即生产资料私人占有与社会化大生产的矛盾中破局,以解决人民日益增长的美好生活的需要同当前社会发展不平衡不充分的发展为主要矛盾,在坚持社会主义生产方式的基础上破除了发展中国家不能兼顾经济发展和社会稳定的发展悖论,创造了中国式现代化的"两大奇迹"。

今天,现代化已经被普遍认为是通过多种途径和多种模式向现代社会发展的历史运动。它是一个在世界历史进程中不断进行"自我革命"的过程,而不是单向度的"西化"过程。特别是中国式现代化创造了人类现代化史上的"两大奇迹",改变了人类文明的世界格局。从世界文明的总体状况来看,西强东弱的格局没有得到根本改变,但是随着发展中国家的群体性崛起,尤其是中华民族的和平崛起,社会主义在同资本主义竞争中的被动局面得到很大程度的扭转,那种"一家独霸"的格局再也难以为继,社会主义的优越性和中国式现代化的超越性得到进一步彰显,特别是以社会主义文明形态的方式呈现出了真正属于人的文明新形态的基本面貌,推动世界社会主义运动进入新阶段,使得世界历史出现了有利于社会主义的重大转变。

---

① 李冉:《全面建成小康社会:中国现代化的历史与未来》,《广西大学学报》(哲学社会科学版),2021年第1期。

（二）驳斥了"社会主义失败论"

中国式现代化是中国共产党领导的社会主义现代化，是科学社会主义理论的最新成果。它为人类探索更好的社会制度提供了中国方案，驳斥了"社会主义失败论"，拓展了世界社会主义运动的实践场域。

第一，中国式现代化是一条以社会主义为根本性质的现代化新道路。社会主义没有失败，社会主义实现现代化的方式是可行的。中国式现代化从资本主义现代化的发展困境出发，超越了资本主导的资本主义文明形态，确立了以人民为中心、促进人的全面发展的社会主义文明逻辑；中国式现代化也从传统社会主义现代化的发展弊端出发，超越了国家主导的苏联式的文明形态，其所要实现的是人的现代化与社会现代化的统一，体现了科学社会主义的先进本质。这里，人既是社会意义上的人，又是人类整体意义上的人，是马克思所说的与人类社会相等同的"社会的人类"。而科学社会主义的出发点不是市民社会——资产阶级的社会形式，而是新的社会形式——人类社会。从这个意义上来说，中国式现代化挽救了世界社会主义运动的道路危机，将社会主义的优越性充分地彰显出来。

第二，中国式现代化是中国共产党带领全国各族人民开辟的社会主义现代化。坚持中国共产党的领导这一制度要求，为中国式现代化与资本主义现代化的不同划定了原则界限。坚持中国共产党的领导，是推进中国式现代化的最高原则。无论是从历史来看，还是从现实来看，唯有中国共产党才能肩负起在一个基础没那么发达且人口规模巨大的大国实现以中国式现代化全面推进中华民族复兴的使命任务。"全面建设社会主义现代化国家、全面推进中华民族伟大复兴,关键在党。"①一个社会要想实现现代化,就必须要有一个能够保证国家稳定和社会进步的政治主体,就必须要有一个始终走在时代前列、以人民为中心的先进政党。确定中国共产党成为中国式现代化的领导力量,对在建设社会主义现代化强国和实现中华民族复兴的过程中更好地坚定历史自信、把握历史规律和掌握历史主动来说起着关键作用。同时,中国共产党作为无产阶级政党,始终是为中国人民谋幸福、为中华民族谋复兴的党,也是为人类谋进步、为世界谋大同的党,为解决人类面临的共同问题、重塑全球治理秩序、推动人类社会发展做出了重要贡献。

总的来说,中国特色社会主义开创"人类文明新形态"的伟大实践,打破了资本主义现代化对人类文明形态理论的话语垄断,在社会性质和领导力量上驳斥了"社会主义失败论",成为引领世界社会主义发展的中流砥柱。

(三)回应了"人类社会应该往何处去"

中国式现代化反映出世界历史发展的进步趋势,明确了世界历史向共产主义发展的基本方向,以推动构建人类命运共同体作为本质要求,为"人类社会该往何处去"提供了确定的答案。

共产主义社会是以人的自由全面发展为原则的"自由人联合体",即真正的共同体。建立"以每个人的全面而自由的发展为基本原则的社会形式"②,是世界历史发展的必然趋势,也是人类文明形态演进的最终目标。其中,"人的自由而全面的发展"是人类社会的本质规定。这里,人的发展是全面的发展,不仅是体

---

①　习近平:《高举中国特色社会主义伟大旗帜　为全面建设社会主义现代化国家而团结奋斗——在中国共产党第二十次全国代表大会上的报告》,人民出版社,2022年,第63页。

②　《马克思恩格斯全集》(第23卷),人民出版社,1972年,第649页。

力和智力上的发展,而且是人的社会联系和社会交往的发展,是"人的真正的共同体"。只有"联合起来的个人"才能在现有生产力发展的客观基础上超越私有财产的物化逻辑,使财富的生产和占有受联合起来的个人支配,并使之变成联合的物质条件。

所以中国式现代化按照共同体的发展逻辑(由虚假共同体到真正的共同体)规定社会存在的具体表现形式,以人类命运共同体作为过渡形态来引导两制关系朝着有序、和谐、共赢的状态发展,为人类社会的发展方向提供更多的确定性。作为中国式现代化的本质要求,推动构建人类命运共同体的核心要义是:利用生产力和科技革命带来的文明成果,运用社会主义国家的制度优势规制资本逻辑,破除资本主义现代化的发展限制,既不走传统大国通过战争、殖民、掠夺等方式崛起的老路,也不走发展中国家的依附性道路,而是在新一轮的全球化秩序变革中构建持久和平、普遍安全、共同繁荣、开放包容和清洁美丽的世界,从而在世界历史的深入拓展中展现人类社会文明演进的未来指向——共产主义社会,推动人类社会逐渐从"物的依赖性基础上人的独立性"阶段发展到"建立在个人全面发展和他们共同的、社会的生产能力成为从属于他们的社会财富这一基础上的自由个性"[1]阶段。

结　语

从世界历史的文明转向考察"中国式现代化是一种全新的人类文明形态"这一重大判断,是创新发展 21 世纪马克思主义的核心议题之一。 作为 21 世

---

[1] 《马克思恩格斯文集》(第八卷),人民出版社,2009 年,第 52 页。

纪马克思主义的重大创新成果,中国式现代化这一全新的人类文明形态深化了对于世界百年未有之大变局中人类社会发展规律和社会主义发展规律的认识。人类历史的发展与变迁,表现为不同文明形态不断演进更替的过程,这一过程主要取决于生产力、交往关系和国家制度的发展及其相互作用。作为人类文明新形态的中国式现代化坚持世界历史的大视野,尊重不同文明的内在发展规律,重塑了人类文明格局,凸显了中国特色社会主义的文明价值,在引领世界历史的文明走向中打破了"历史终结论"的界限,宣告了"社会主义失败论"的失败,使人类文明始终朝着共产主义的正确方向发展。

第六章　中国式现代化
推动了世界历史的制度转向[①]

中国式现代化创新了以人的全面发展为核心的现代化叙事逻辑,摒弃了资本主义现代化造成的人的片面发展和异化状态,建构的不仅是以人的全面发展为旨趣的现代化,更是以建立共产主义社会为目标的现代化。从广义的共产主义社会形态来看,中国式现代化回答的是社会主义社会如何过渡到共产主义社会。正是在这一大的历史过渡期,中国式现代化推动了世界历史的制度转向。

---

① 制度转向,主要是指资本主义转向社会主义和共产主义。其中,社会主义属于广义的共产主义。正如有学者所言:"凡是社会主义国家,无论处于社会主义何种历史阶段,都属于广义的建设中的'共产主义'社会形态。"(参见李崇富《作为科学社会主义新形态的中国特色社会主义——论我国改革开放40年的根本经验》,《马克思主义研究》,2018年第10期。)党的十九届六中全会《中共中央关于党的百年奋斗重大成就和历史经验的决议》提出,马克思主义中国化时代化不断取得成功,使马克思主义以崭新形象展现在世界上,使世界范围内社会主义和资本主义两种意识形态,两种社会制度的历史演进及其较量发生了有利于社会主义的重大转变。

一、世界历史的发展趋势：
个人发展次序与共同体演进阶段的内在一致

根据个人发展形式的三阶段论,在以物的依赖性为基础的人的相对独立性阶段,作为共同体主体的"现实的个人"创造的资本成为支配人的主体力量,此时的共同体是一种虚假的共同体。"尽管资本是人与人之间的生产关系,但它不仅不受人控制,而且反过来支配资本主义世界中的所有个体与共同体。"[①]但是物的依赖性是从人的依赖性到人的自由全面发展阶段的必经阶段,这一阶段是虚假共同体向真正共同体过渡的阶段。而且世界发展成为一个整体,不是观念历史的演绎,而是历史转向世界历史、"现实的个人"转变为"世界历史性个人"的经验事实。在此,个人的发展形式与共同体的演进阶段具有内在一致性,这符合世界历史的发展趋势。

(一)从"现实的个人"到"世界历史性个人"再到"自由全面发展的个人"

首先,马克思和恩格斯以"现实的个人"作为出发点,将"现实的个人"解读为"个人不是他们自己或别人想象中的那种个人,而是现实中的个人,也就是说,这些个人是从事活动的,进行物质生产的,因而是在一定的物质的、不受他们任意支配的界限、前提和条件下活动着的"[②],并进一步对"现实的个人"作出了双重规定:第一,人作为类存在物,其存在方式从来不是孤立的、单个人的存

---

① 刘志洪:《何谓"资本逻辑"》,《哲学研究》,2019年第12期。

② 《马克思恩格斯文集》(第一卷),人民出版社,2009年,第524页。

在,而是在现实的历史中、在人的对象性活动中,通过改造现存世界而逐步生成的整体性存在;第二,"现实的个人"具有改造世界的历史主动性。面对德国向何处去的时代之问,马克思在《德法年鉴》时期提出有原则的"人的高度的革命"。这一"人的高度的革命"即人类解放。实现人类解放是一个从物的依赖性到人的自由发展的长期的历史过程,"现实的个人"要发挥人的历史主动性,通过不同的实践方式将自身从市民社会(或资本主义社会)的自私自利和资本至上的异化关系中解脱出来。

其次,个人的发展阶段是从"现实的个人"到"世界历史性个人"再到"自由全面发展的个人"。"世界历史性个人"的形成不是自然融合的结果,是人类历史活动(生产力发展与交往普遍化)的产物。特别是随着资本主义世界历史的开辟,资本主义的发展加强了世界经济、政治、思想文化的一体化,使得所有文明国家都被卷入资本主义工业化的历史进程。这也同时产生了资产阶级和无产阶级两大对立阶级,创造了"现实的个人"向"世界历史性个人"转变的历史条件。马克思和恩格斯在《德意志意识形态》中专门提到"世界历史性个人"。按照个人发展次序的三阶段而言,现实的个人是原初阶段,"世界历史性个人"(通常以异化的形式表现出来)是过渡阶段,自由全面发展的个人是完成阶段。按照共同体发展的三阶段而言,在虚假共同体向真正共同体的过渡中,现实的个人经由历史行动,在世界市场开辟与发展中转化为"世界历史性个人"。同时,近代工业文明和资本关系的发展激发了"世界历史性个人"克服其异化的存在形式和资本文明弊病的革命意识,不断趋向于成为"自由全面发展的个人"。

最后,在世界历史中把握从"现实的个人"到"世界历史性个人"再到"自由全面发展的个人"的内在理路。在世界历史形成和发展中,生产方式的变更是推动世界历史向前发展的根本力量。其中,生产力的发展是决定性因素。现实的人在实践中形成的生产关系和交往形式是推动生产力发展和文明进步的重要影响因素。"生产力与交往形式的关系就是交往形式与个人的行动或活动的关系。"①生产力的发展和现实的人的实践活动是共同推进和相互促进的。马克思和恩格斯曾在批判空想社会主义者时，指责他们没有看到"现实的个人"的历史主动性，从而在找寻人的解放的现实条件时缺乏了对主体问题的深刻思考。"这些体系的发明家看到了阶级的对立，以及占统治地位的社会本身中的瓦解因素的作用。但是，他们看不到无产阶级方面的任何历史主动性，看不到它所特有的任何政治运动。"②同样，马克思和恩格斯也批评了一些国民经济学家在民族国家的地域性范围内把经济规律宣布为永恒法则，将"现实的个人"曲解为抽象意义上的原子化个人。如前所述，"现实的个人"的本质特征不是自然性，而是社会性。马克思和恩格斯从人的社会属性出发，阐述了"现实的个人"的本质是一切社会关系的总和，特定的社会关系、生产方式和历史条件都是现实的历史的重要组成部分。更重要的是，"现实的个人"能够通过社会实践实现自己的自由全面发展。这里，"现实的个人"转变成为"世界历史性个人"（无产阶级）的中介是生产性实践，即劳动。在历史走向世界历史的过程中，以生产性实践为本质规定的"现实的个人"也在改变现实的历史的过程中转向"世界历史性个人"（无产阶级）。"现实的个人"转向"世界历史性个人"（无产阶级）再到"自由全面发展的个人"符合世界历史的发展逻辑。

（二）"自由全面发展的个人"与"自由人联合体"

第一，"现实的个人"只有在共同体中才能实现个人自由。在马克思看来，人的发展要经过三个阶段：以人的依赖性为基础的古代人的集群状态、以物的依

---

① 《马克思恩格斯文集》（第一卷），人民出版社，2009年，第575页。
② 《马克思恩格斯文集》（第二卷），人民出版社，2009年，第62页。

赖性为基础的近现代人的独立主体状态、建立在人的全面发展和共同的社会生产能力基础上的自由人联合体的类存在状态。其中,近现代人的独立主体状态,既包括个人,也包括相较于世界整体而言的民族国家和资本。在《德意志意识形态》中,马克思和恩格斯一方面确定了个体的存在方式。"只有在共同体中,个人才能获得全面发展其才能的手段,也就是说,只有在共同体中才可能有个人自由。"①其中,个人依赖于共同体,个人对共同体的依赖程度直接体现着个人的自主性的实现程度。另一方面,他们揭开了虚假共同体温情脉脉的面纱。"从前各个人联合而成的虚假的共同体,总是相对于各个人而独立的;由于这种共同体是一个阶级反对另一个阶级的联合,因此对于被统治的阶级来说,它不仅是完全虚幻的共同体,而且是新的桎梏。"②这里,"虚假的共同体"成为特定的社会现实。"现实的个人"受到物和资本的支配,是一种异己性的社会存在。

同时,"现实的个人"具有历史主动性,他们在创造社会财富和促进生产力发展的同时也在创造着进入真正共同体的社会条件。这里,"个人是自由的,但又是联合的,因为不联合就不能实现自由。自由和联合是互为前提的。这个联合是自由的联合,人们依然生活在一个共同体中,但组成这个共同体的纽带不再是货币和交换价值,也不是自然形成的人类群体,更不是以地域划分为特征的民族和国家等。这里的共同体依然是以生产为目的的共同体,不过不再是以物的生产为目的,而是以人本身的生产为目的"③。

这就是说,在真正的共同体的条件下,各个人在自己的联合中并通过这种联合获得自己的自由。世界历史的发展趋势是人类共命运。共同体是人的类本质得以存在的具体空间。只有在真正的共同体的条件下,"各个人在自己的联合中并通过这种联合获得自己的自由"④。这里,真正的共同体具有两大特征:一是

---

① ② ④ 《马克思恩格斯文集》(第一卷),人民出版社,2009 年,第 571 页。

③ 孙伯鍨:《卢卡奇与马克思》,南京大学出版社,1999 年,第 21 页。

资本的生产力成为社会的生产力,二是劳动是人的自由自觉的活动。"现实的个人"的能力的最高范畴是生产力。在虚假共同体中,生产力不再是个人的本质力量,而是遵循私有财产原则变成资本的生产力,个人本身则变成"抽象的个人"。只有"联合起来的个人"才能在现有物质财富的客观基础上超越私有财产的物化逻辑,使财富的生产和占有受联合起来的个人支配,并使之变成联合的物质条件。在《德意志意识形态》中,马克思提出了"自由联合起来的个人"的构想,即在市民社会中全面发展起来的个人通过意识自觉和主体革命,扬弃私人所有,实现在共同体中的劳动联合。到了《资本论》,马克思又提出了"重新建立个人所有制"的构想,在"共同占有"的基础上实现每个个人对生产资料的所有,[①]从而使人能够具备进行自由自觉的活动的前提条件。所以说真正的共同体,就是实现人的全面发展的自由人联合体,即共产主义社会。

(三)中国式现代化与共产主义社会
在人的全面发展原则上的高度一致

如何引领现代化决定着人类社会的未来走向。中国式现代化反映出世界历史发展的进步趋势,明确了世界历史向共产主义发展的基本方向,在实现人的自由而全面发展这一人类文明的最高原则上与资本主义存在根本性区别,引领人类社会始终向着实现共产主义的方向前进。

建立"以每个人的全面而自由的发展为基本原则的社会形式"的"自由人联合体",是世界历史发展的必然趋势,也是人类社会制度形态演进的终极目标。其中,"人的自由而全面的发展"是人类社会的本质规定。这里,人的发展是全面

---

① 参见韩立新:《从国家到市民社会——〈论犹太人问题〉和〈黑格尔法哲学批判〉导言研究》,《河北学刊》,2016 年第 5 期。

的发展,不仅是体力和智力上的发展,而且是人的社会联系和社会交往的发展,是"人的真正的共同体"。所以简言之,共产主义社会即以人的自由全面发展为原则的"自由人联合体"。

中国式现代化按照人的发展逻辑规定社会存在的具体表现形式,强调社会的进步、生产力发展与人的发展的一致性。中国共产党以人民为中心调整社会关系,恢复和激发被资本遮蔽的人的主体力量,以生产力的发展服务于人的发展,推动共同富裕取得实质性进展。换言之,中国式现代化是人的发展引领物的发展的社会现代化,它聚焦社会主要矛盾的新变化,以"五位一体"总体布局作为实践要求,从全面的、整体的和发展的视角出发处理各种社会关系,找到了破解资本与劳动的悖论关系的路径,恢复了被西方式现代化和苏联式现代化遮蔽的真正的现代化的面貌,从而在实践层面创造实现社会形态过渡的现实条件,推动人类社会逐渐从"物的依赖性基础上人的独立性"阶段,发展到"建立在个人全面发展和他们共同的、社会的生产能力成为从属于他们的社会财富这一基础上的自由个性"阶段。这里,人的存在方式必然从"物的依赖性"转向"人的自由全面发展"的发展趋势,从侧重于外在物、经济财富作为人的存在与发展的衡量尺度,转向以人的自由全面发展为活动目的的内在衡量尺度。比如,我国新时代社会主要矛盾提出的"人民对于美好生活的需要"的判断,所体现的正是人从以生存需要、物的满足向更高层次的精神文化需要、自我实现和自由发展的提升,这是一种关乎人的存在方式的重大变化。这一变化使自由自觉发展和创造成为提升社会生产力的关键。其中,物质生产水平构成社会历史发展的客观向度,而人的全面自由发展则成为社会历史自觉发展的主体向度。①

---

① 参见邹广文、沈丹丹:《社会主要矛盾的演变与人的存在方式—— 一种基于历史唯物主义视角的考察》,《马克思主义与现实》,2019 年第 1 期。

二、马克思主义经典视角下
对真正共同体"共产主义"的三种理解

共产主义是世界历史发展的结果。我们所说的世界历史的制度转向主要指的是：中国式现代化在何种意义上推动世界历史朝着共产主义方向的发展。那么何谓共产主义？这是我们回答中国式现代化如何推动世界历史制度转向的前提性问题。在马克思主义的经典阐释框架中，共产主义具有三种类型，即作为哲学的共产主义、作为科学的共产主义和作为制度的共产主义。在这里，我们主要强调作为制度的共产主义。但是共产主义的三种类型不是互不相关的，而是紧密联系在一起的。只有将三种类型的共产主义作出整体性理解，我们才能更好地把握马克思主义的共产主义学说，更清楚地认识到作为制度的共产主义的重要性。

（一）作为哲学的共产主义①

考察马克思和恩格斯转向共产主义的基本立场和方向后逐步创立马克思主义的成熟理论的进程，前人已经作出了比较充分的梳理和归纳，大致将他们

---

① "哲学共产主义"不是青年黑格尔派的说法，而是针对马克思和恩格斯在早期著作的相关论述中概括而来。哲学共产主义在马克思的话语体系中应当包含两重维度：一是人本主义价值批判，二是基于经济状况的实证批判。科尔纽的《马克思的思想起源》就是此问题的代表作。对于国内而言，认识"哲学共产主义"主要是伴随着20世纪80年代以来的争论展开，集中表现为两种观点：一是共产主义是马克思主义哲学的重要组成部分，二是马克思早期的共产主义思想是哲学的、人道主义的。当时掀起的经典西方马克思主义研究热潮就是对此问题的研究。

本身的共产主义叙事方式区分出两种不同的样貌,乃至因而引发了许多后继者划分成了两种解读马克思主义的路向和派别。概括起来,一是将共产主义作为一种哲学的共产主义进行解读,主要依据的文本是《〈黑格尔法哲学批判〉导言》《论犹太人问题》和《1844年经济学哲学手稿》等;二是将共产主义作为一种科学的共产主义进行解读,主要依据的文本是《德意志意识形态》《共产党宣言》和《资本论》等。这种划分是一种根据文本的发表时间作出的基本区分。在后人对共产主义思想的理解、叙述和传播话语中,以哲学或道德作为评判标准的视角一直处于支配地位。人们习惯于对马克思和恩格斯揭示的未来图景加以颂赞,尤其是升华为伦理学、政治哲学、历史哲学等系统的哲学性叙事。与此同时,以科学作为评判标准的视角在另一个极端的层面展开,即从共产主义的对立面——资本主义展开,通过资本批判、现代性批判、消费批判等方式将共产主义置于实用化的境地,试图彰显共产主义的"现实性"。这里的问题在于,后人往往没有在哲学的共产主义和科学的共产主义的理解路向中发掘出两者的内在一致性,没有赋予共产主义学说以哲学与科学的双重意蕴,也就是没有完全把握住马克思和恩格斯思想的内在理路。在马克思和恩格斯的思想发展史中,哲学共产主义和科学共产主义一直是处于相互纠缠的阶段,只是在早期的马克思那里,哲学共产主义处于支配性地位,科学共产主义处于从属性地位;而在后期的马克思那里,科学共产主义处于支配性地位,哲学共产主义处于从属性地位。事实上,马克思和恩格斯的创造性贡献就在于正确处理了科学共产主义与哲学共产主义的关系,把共产主义建立在现实的基础之上,克服了空想社会主义的重大缺陷。因为没有以人类解放为终极指向的共产主义,全面发展的个人将无从产生;没有以资本主义批判为审判视角的共产主义,对于共产主义的期盼将成为空中楼阁。

下面先就马克思和恩格斯的哲学共产主义作出基本评述。马克思和恩格斯早期思想中存在一个哲学共产主义阶段是国内外学界的共识。对于共产主义思想来说，"构成真正危险的并不是共产主义思想的实际试验，而是它的理论阐述"①。早在莱茵报时期，马克思就认识到对共产主义进行哲学诠释的重要性。哲学诠释的首要目的是打破观念哲学体系的束缚，由理论批判上升为现实批判，这是破除意识形态幻觉并走向现实活动的重要步骤。因此，在哲学共产主义阶段，马克思和恩格斯要解决的具体问题有两个，即不仅要回答现实与哲学的关系，还要回答人与社会的关系。更准确地说，他们要讲清楚两大问题：

第一，讲清楚人的自我意识如何能够突破哲学的束缚而与现实生活联系在一起。早在《博士论文》中，马克思就提道："个别自我意识把世界从非哲学里面解放出来，同时就是把它们自己从哲学里解放出来，即从作为一定的体系束缚它们的哲学体系中解放出来。因为这些个别自我意识只有在行动中和发展过程的直接力量中才能把握住自身。"②简单来说，自我意识要从两种束缚中解放出来：一种是人从非哲学的世界中解放出来，将人置身于哲学的世界之中；另一种是从哲学体系中解放出来，将人置身于行动哲学的框架中。即是说，自我意识所要达成的决裂不是消灭哲学，而是消灭一种体系化的、教条化的哲学，以此赋予人的意识在行动中的能动性。与此同时，马克思将意识解读为一种在行动中可以把握到的东西。推及至哲学共产主义而言，共产主义应视为一种意识与行动的统一体，而非仅仅从意识的角度去理解。

这说明，仅仅有观念的共产主义是远远不够的，因为"要扬弃私有财产的思想，有思想上的共产主义就完全够了。而要扬弃现实的私有财产，则必须有现实

---

① 《马克思恩格斯全集》（第1卷），人民出版社，1995年，第295页。

② 马克思：《马克思博士论文：黑格尔辩证法和哲学一般的批判》，上海人民出版社，2012年，第78页。同时，孙伯鍨先生也指出，此时马克思在理论观点方面并未超出旧体系（黑格尔哲学）的范围。参见张一兵、唐正东编：《探索与反思：哲学家孙伯鍨》，南京大学出版社，2004年，第283页。

的共产主义行动"①。马克思和恩格斯的独到之处在于,他们重点论述了共产主义的第二个环节,即将共产主义与私有制之间缺失的一环——人的类本质与整个资本主义社会联系起来。共产主义的目标是解放人,"人的类特性恰恰就是自由的有意识的活动"②。人的彻底解放就是从旧的私有制束缚下的生产关系中解放出来,以此达到"每个人的自由发展是一切人的自由发展的条件"③的理想生存状况。就此而言,共产主义思想中的人本向度就不仅体现为伦理道德层面的价值属性,而是更加体现为批判资本主义现存状况的主体实践,这与无产阶级运动的内在目标不谋而合。

第二,讲清楚私有财产如何导致异化问题的出现。哲学共产主义的基本主张是:把哲学置于现实之中,以此将现实的个人置于一定的社会关系中去理解,其主要体现在《〈黑格尔法哲学批判〉导言》和《1844年经济学哲学手稿》等文本中。马克思在《〈黑格尔法哲学批判〉导言》中的基本观点是:"真理的彼岸世界消逝以后,历史的任务就是确立此岸世界的真理。"④他反对从抽象的概念中归纳出共产主义的本质及其特征,主张在市民社会中寻找突破口,将对共产主义的思考置于现实的历史之上。同时,他也反对完全用哲学的观点思考人的发展,认为"如果用哲学的观点来考察这种发展,当然就很容易产生这样的臆想:在这些个人中,类或人得到了发展,或者说这些个人发展了人;这种臆想,是对历史的莫大侮辱"⑤。这里,人应该是现实发展中的、处于一定社会关系中的人,个人的发展不代表所有人的发展,类的发展也不能表明人的自由的实现。相反,只有将个人与人的类本质联系起来,并将其放在整体的社会关系中进行考察时,关于

---

① 《马克思恩格斯文集》(第一卷),人民出版社,2009年,第231~232页。

② 《马克思恩格斯选集》(第一卷),人民出版社,1995年,第46页。

③ 习近平:《在纪念马克思诞辰200周年大会上的讲话》,《人民日报》,2018年5月6日。

④ 《马克思恩格斯文集》(第一卷),人民出版社,2009年,第4页。

⑤ 同上,第570页。

共产主义的问题才能够得以合理地理解和解决。

按照《1844年经济学哲学手稿》的逻辑进路，马克思主要是从人道主义的角度看待共产主义，从人与人、人与自然和人与社会的关系对共产主义进行理论阐释。需要补充的是，马克思此时对人的理解和对共产主义的理解是不一致的，因为他对人的理解此时还未完全摆脱费尔巴哈的影响，但对共产主义的理解却已有唯物史观萌芽的迹象，如异化劳动及其四重规定的讨论。[①]虽然资本主义内在矛盾的批判与揭示集中体现在《资本论》三卷本中，但在《1844年经济学哲学手稿》"私有财产和共产主义"部分，马克思已经开始尝试将哲学与政治经济学关联起来，将共产主义阐释为人与自然的和解、私有财产与异化劳动的和解等。

当然，严格来说，这并不是说马克思和恩格斯的早期共产主义思想就等于是哲学共产主义。哲学共产主义的路向并不是封闭的，共产主义学说还应该进一步向前发展，丰富其科学内涵。共产主义是建立在哲学原则基础上的，哲学原则是马克思思考的出发点，而现实的运动是哲学原则的实现，两者是统一在一起的。作为对比，我们可以看到，在马克思和恩格斯青年时代，在德国语境下已经出现的"哲学共产主义"，其理论来源主要是黑格尔哲学和费尔巴哈哲学。由于德国的哲学共产主义主要依靠的是有教养的阶级，恩格斯也把这种共产主义叫作德国有教养的资产阶级的共产主义。因此，这种哲学共产主义还不是无产阶级的共产主义。这时马克思和恩格斯的共产主义思想还处在由不成熟走向成熟的过渡性阶段。但是马克思和恩格斯早期的相关论述已经为历史唯物主义的确立清除了两大障碍：一是正确理解了哲学与现实的关系，二是正确理解了人

[①]　当然，有学者提出不同观点。鲁克俭教授认为，马克思在《1844年经济学哲学手稿》笔记Ⅰ中对共产主义的论证是基于应然的逻辑，还不是唯物史观，是典型的"哲学共产主义"。（参见鲁克俭：《唯物史观"历史性"观念的引入——马克思〈1844年经济学哲学手稿〉中"异化"概念新解》，《哲学动态》，2015年第6期。）

与社会的关系,这也为更好地理解共产主义的科学内涵作了理论铺垫。

(二)作为科学的共产主义

之所以要重新强调哲学共产主义与科学共产主义的联系与区别,有两个很重要的原因。第一个原因,是"科学"概念往往会被资本主义意识形态控制,从而被狭义化、片面化理解,偏离了马克思主义作为真正的历史科学的轨道。正如德里达在《马克思的幽灵》里提道:"'科学'一词再一次成为一个关键词。我们必须接受这一点。但我们也必须记住,尽管可能存在种种科学,但科学还是没有出现,因为科学的科学性,总是依赖于意识形态……"[1]第二个原因,是人的自由全面发展问题贯穿于马克思主义共产主义学说的始终,但是在强调"现实的个人"时,马克思和恩格斯的表述有所不同。如果说早期的马克思和恩格斯更加侧重于从人的类本质等哲学术语去考察的话,那么后期的马克思和恩格斯则侧重于从社会关系,尤其是交换关系去考察。于是,科学共产主义就强调并重申了这样一个主题:实现共产主义这一目标,无须借助任何非人类的力量,因为人类的解放是一种基于生产力发展和交往普遍化基础上形成的历史活动,它的解放是"由历史的关系,是由工业状况、商业状况、农业状况、交往状况促成的[……]"[2]换言之,科学共产主义的特征有两个:一是以历史唯物主义为基础,二是无产阶级主体力量的生成。

马克思和恩格斯在《德意志意识形态》中所要表达的思想,是用科学的历史观代替抽象的观念。"共产主义者不是把某种哲学作为前提,而是把迄今为止的

---

① [法]德里达:《马克思的幽灵》,何一译,中国人民大学出版社,2016年,第36页。
② 《马克思恩格斯文集》(第一卷),人民出版社,2009年,第527页。

全部历史,特别是这一历史目前在文明各国造成的实际结果作为前提。"①他们强调,共产主义是一种基于现实的历史条件下形成的科学理念。从《德意志意识形态》开始,马克思和恩格斯从真正意义上摆脱了观念哲学的束缚,实现了从哲学共产主义到科学共产主义②的过渡。从这时起,科学共产主义开始处于决定性地位,而哲学共产主义处于从属性地位。但这并不是说,科学共产主义的确立意味着哲学共产主义的终结,而是说哲学共产主义在历史条件的洗涤下迸发出了新的生长因素,凸显了马克思主义共产主义学说的内在张力。"同样不可避免的是:许多曾以哲学为出发点的德国共产主义者,正是经过这样的过渡而走向了并且继续走向共产主义……"③

与此同时,在当时的德国一些所谓的真正的社会主义者们企图用"哲学"的词句将共产主义意识形态化,借此否认共产主义的革命性和科学性。这些社会主义者的共产主义理论完全是从纯粹的思想中产生的。他们并没有考虑到,共产主义是以一定的国家、一定的阶级的整个生活条件为基础,是从现实状况中

①　《马克思恩格斯文集》(第一卷),人民出版社,2009年,第672页。

②　这里,"科学共产主义"与"科学社会主义"通用。《习近平谈治国理政》一书中有对"科学社会主义"定义的相关界定。"科学社会主义,广义上指马克思主义的整个思想体系;狭义上的科学社会主义是马克思主义三个组成部分之一,是研究无产阶级解放运动的性质、条件和一般目的的科学,又称科学共产主义。"也有学者指出,从19世纪60年代起,"共产主义在广大工人中曲高和寡,而社会主义的影响却进一步扩大。这时马克思、恩格斯也转向支持社会主义,但是他们自称'科学社会主义',以区别于其他各派社会主义。这时在他们的著作中'社会主义'与'共产主义'一词已经通用,都用以指反对资本主义的思潮与派别,都用以指要改变资本主义私有制、建立高于资本主义的公有制的新社会制度、新社会形态。'科学共产主义'与'科学社会主义'也成了同义语"。[参见高放、李景治、蒲国良:《科学社会主义的理论与实践》(第6版),中国人民大学出版社,2014年,第8页。]此外,胡乔木在《关于共产主义思想的实践》中认为:"通常也称为科学共产主义理论或科学社会主义理论,也就是马克思主义理论;因为马克思对社会主义和共产主义并未像列宁后来那样地加以区别,只在晚年才提出共产主义社会的初级阶段和高级阶段的论点,所以科学共产主义理论和科学社会主义理论的名称的区别并没有什么意义。"(参见胡乔木:《关于共产主义思想的实践》,《思想理论教育导刊》,2016年第4期。)

③　《马克思恩格斯文集》(第一卷),人民出版社,2009年,第590页。

生发出来的，是现实运动的结果，而不是思想的产物。这样一来，他们很容易从现实的历史退回到意识形态的幻想上去。而且由于他们没有很好地把握住现实的历史，因而很容易用绝对的或者自我意识的方法来虚构共产主义。当然，即使他们认识到了人的社会关系的现实性，但是一旦谈到共产主义的时候，这些社会主义者就会很容易陷入一种奇特的思维方式，认为民族范围内的事情就是共产主义者要做的事情，从而忽视了共产主义者本身具有的国际主义特征。

在《德意志意识形态》中，马克思和恩格斯就曾专门针对当时德国所谓的"真正的社会主义者"海尔曼·泽米希的"世界主义"观点进行了尖锐批判。他们指出："这篇文章使我们再一次认清，德国人的虚假的普遍主义和世界主义是以多么狭隘的民族世界观为基础的。"①由此说来，世界主义和普遍主义不过是改装了的日耳曼民族主义，因为共产主义在他们的头脑中仅仅是在某个国家内部的实现形式，而并非真正意义上的自由人联合体。马克思和恩格斯认为，共产主义成立的前提是要回到现实的历史，是将对共产主义的理解置身于历史唯物主义语境之中。科学社会主义学说从来不是求助于外在的、超人的力量来解释世界，而是强调现实的、从事实践活动的人来改造世界。正因为如此，马克思和恩格斯在《德意志意识形态》中重点描述了"虚假共同体"与"真正共同体"的联系与区别，将共产主义者的实践活动看作对以往生产力和交往活动所创造的条件和成果的继承与超越。

马克思和恩格斯进一步指出："对实践的唯物主义者即共产主义者来说，全部问题都在于使现存世界革命化，实际地反对并改变现存的事物。"②共产主义指向的人类解放活动不能诉诸形而上学的思辨活动，必须依靠现实的、实践的革命性活动。马克思和恩格斯早在《共产党宣言》中就已经看到了共产党领导的

---

① 《马克思恩格斯全集》(第3卷)，人民出版社，1960年，第554页。
② 《马克思恩格斯文集》(第一卷)，人民出版社，2009年，第527页。

无产阶级斗争的革命性，认为其将是最彻底的实践活动，它不仅会全面冲击资本主义的生产方式和社会关系，而且还会在现实的历史中以解放和发展生产力、实现人的自由发展为价值旨归。而此时，这个由历史运动产生并且充分发挥人的自觉能动性的理论就不再是空论，而是科学的革命理论了。马克思和恩格斯的共产主义学说因其坚定的历史唯物主义立场而与其他一切空想革命学说划清界限。同样地，恩格斯在《共产主义原理》中指出："共产主义是关于无产阶级解放的条件的学说。"①这句话的重点在于明确和发现了共产主义实现条件的重要性。这个条件建立在确立其客观条件的政治经济学批判、确立其主观条件的阶级斗争理论和确立其思想文化条件的意识形态批判之上。所以共产主义实现的历史不仅是摆脱异化的历史，更是无产阶级进行革命运动的历史。

总的来说，在成熟时期，共产主义主要包括两层含义：一是指一种现实的生产关系，它以消灭现存的资本主义生产关系和建立共产主义的生产关系为目标。因而"建立共产主义实质上具有经济的性质，这就是为这种联合创造各种物质条件，把现存的条件变成联合的条件"②。二是一种理论与现实、人道主义与实践相结合的产物。"费尔巴哈在理论领域体现了和人道主义相吻合的唯物主义，而法国和英国的社会主义和共产主义则在实践领域体现了这种和人道主义相吻合的唯物主义。"③其实，古今中外关于共产主义是什么的争论一直都有，国内外学界对从哲学还是从科学的角度解读共产主义也是各有见地。但马克思和恩格斯以历史唯物主义的视角突破了哲学与科学的壁垒，从历史与现实的角度将共产主义置于现实的历史之上，并通过政治经济学批判的方式提出由资本主义过渡到共产主义的解决方案，正确回答了现实道路和价值理想如何统一的问

---

① 《马克思恩格斯文集》(第一卷)，人民出版社，2009 年，第 676 页。

② 同上，第 574 页。

③ 同上，第 327 页。

题,在现实的运动中发现了共产主义实现的历史基础和前提条件,成功地将共产主义由可能性和观念性变成现实性,由空想性和哲学性变为科学性。同时,他们也把共产主义价值理想融入共产主义的现实运动之中,克服了空想社会主义的重大理论缺陷。

众所周知,19 世纪末以来特别是一战后欧洲出现了一种所谓的"马克思主义理论危机",其具体表现形式是恩格斯去世后第二国际内部"科学"与"伦理"两个阵营的对立。马克思主义在历史运动面前陷入窘境。①伯恩斯坦是坚持"伦理"立场的代表人物,他抛弃了马克思从经济客观性视角审视资本主义社会,而将共产主义的实现冠以道德伦理视角,这一做法完全背离了马克思和恩格斯在后期极力构建的科学体系,更是将共产主义置于改良主义境地。与此同时,第二国际大部分马克思主义理论家主张"科学"立场,但也只是把"科学"作为了经济决定论的代名词。例如,拉法格、普列汉诺夫等人重视历史唯物主义的"科学性",宣称马克思主义是一种严格的和彻底的经济决定论,坚信共产主义的实现是由客观经济因素所决定的。

可见,这一时期的共产主义虽然分成了"伦理"和"科学"两大阵营,但是在实际的发展过程中都走向了共产主义的反面。西方马克思主义的产生是基于对"马克思主义理论危机"的反思,而这种理论反思也尤其是对哲学共产主义和科学共产主义之间错综复杂关系的反思。"伦理"共产主义推崇的社会主义改良措施,不仅没有实现马克思和恩格斯所预想的社会途径,反而成为资本主义制度的"帮凶"。而那种片面化的"科学"共产主义叙事逐渐脱离了历史唯物主义的轨迹,将共产主义片面理解为经济因素作用下的必然结果,从而忽视了社会关系这一重要因素。虽然也有论者看到了共产主义的伦理向度,但又会不自觉地把

---

① 参见董新春:《西方马克思主义的当代困境》,《江苏行政学院学报》,2016 年第 4 期。

这种伦理因素看作由经济因素来推动的，走向了一种经济决定论或历史宿命论。"伦理"和"科学"之间虽然看似激烈对立，但双方同样使得马克思主义最终陷入无法回应现实、无法批判改造现实的"危机"境地。马克思主义的科学共产主义，其鲜明的特征在于历史唯物主义的现实应用。西方马克思主义力求回归历史唯物主义视域来考察共产主义的努力并非尽然正确，但这种努力带来的直接结果是，共产主义摆脱了单纯从经济视域中寻找理论根据的窘境。

　　西方马克思主义非常正确地强调了历史唯物主义的立场，强调了社会发展的历史性不仅在于生产力发展的水平，还取决于社会关系的成熟程度，而从这一社会规定出发，我们才能发现社会革命这一重要维度。例如，卢卡奇详细阐述了现代资本主义社会中人与人的物化关系，详细描绘了其生成发展机制和内在矛盾运动，尤其凸显了阶级意识在其中的能动作用，这是他的理论功绩。当然，在他们的这种反思当中，也夹杂了内容与形式的矛盾、理论与实践的矛盾，以及科学与教条的矛盾。这里的问题同样要归咎于总体的社会——生产力和社会关系、经济基础和上层建筑的成熟程度，"如果还没有具备这些实行全面变革的物质因素，就是说，一方面还没有一定的生产力，另一方面还没有形成……革命群众，那么，正如共产主义的历史所证明的，尽管这种变革的观念已经表述过千百次，但这对于实际发展没有任何意义"①。同样地，如果我们以此来看待苏联的社会主义实践也是大有裨益的。苏联的失误很大程度上在于，在实践中社会主义与唯物主义基础的背离。列宁延续马克思和恩格斯从唯物主义理解共产主义的视角，以此将构建新社会的构想变为现实。列宁的追随者们在进行社会主义建设的过程中，逐渐背离了马克思和恩格斯开辟的历史唯物主义阐释新社会的路径，低估了资本主义与共产主义之间对立的具体性、丰富性，低估了新建立起来

---

① 《马克思恩格斯文集》(第一卷)，人民出版社，2009年，第545页。

的社会主义制度真正超越资本主义，真正促进人的自由全面发展的艰巨性、曲折性。

共产主义成立的前提条件决定着共产主义社会实现的程度。这里需要具备三个基本要素：一是生产力高度发达，二是资本主义内部社会主义条件的成熟，三是无产阶级作为主体力量的生成。正如西方马克思主义者长期以来的理论与实践所证明的那样，无论对于主体生成的论述多么翔实，在现实的生产力和社会关系还未达到理想层面的阶段，还没有具备这些实行全面变革的物质因素的时候，我们主张的任何社会革命都不能达到理想的效果，甚至在某种程度上这些解读反而误解了马克思主义的共产主义学说。

而这种情况在当代西方左翼学者眼中又有了另外一种可能性出路。当代激进左翼学者如齐泽克、巴迪欧、奈格里等，追随阿尔都塞和拉康的足迹，在处理历史唯物主义和唯物辩证法的关系上，将唯物辩证法置于决定性地位，历史唯物主义处于从属性地位，形式化的分裂成为他们的理论追求。他们延续了阿尔都塞对偶然相遇的唯物主义的思考，认识到断裂以及由断裂迸发出的能动性，是构筑开放的、处于永久发展中的历史的关键因素。但是这种阐释路径的问题在于，它将真正的历史理解为各种偶然性因素相互作用的历史，忽视了历史规律的普遍性和必然性。这里需要明确的是，对历史的理解是建立在必然性而非偶然性的基础之上的，必然性中包含各种不同的、相互作用的偶然性因素。同时，对于现代无产阶级来说，"冲破资产阶级的思想牢笼、颠覆其道德制高点的唯一方式就是通过占领历史制高点来达到……这就必须依靠科学理论。只有通过科学理论把握人类社会的历史逻辑，才能站到历史的制高点上"[1]。因此，马克思和恩格斯之后的马克思主义者们在发展共产主义理论的同时，也在不同程度

---

[1] 侯惠勤：《意识形态话语权建设方法论研究》，《中共贵州省委党校学报》，2016年第2期。

上将历史唯物主义放在了动与静的两个极端层面,这一结果没有突出历史唯物主义的现实意义,也没有充分发掘出无产阶级革命所需要的物质基础和现实条件。

(三)作为制度的共产主义

哲学共产主义和科学共产主义还都是属于对共产主义理论形态的理解和把握的问题,而共产主义制度这一维度则显然是更加侧重于如何走向共产主义、实现共产主义的实践问题,从马克思和恩格斯的思想转变历程来看,自社会主义由空想变为科学,共产主义的言说方式发生了重大转变,共产主义不单是作为对象而存在,而是作为一种特定社会形态下的具体形式,即一方面经由政治经济学的运用,对资本主义生产方式的扬弃;另一方面经由科学社会主义理论与无产阶级运动的结合,对共产主义社会的建构。这样他们所论证的共产主义指向一种未来社会形态。不过,对马克思主义的共产主义学说来说,如果说马克思和恩格斯一开始就设计出了一种完美的社会状态,那么这跟空想社会主义的实践又有何区别。"这种新的社会制度是一开始就注定要成为空想的,它越是制定得详尽周密,就越是要陷入纯粹的幻想。"[①]这正是马克思和恩格斯没有对共产主义社会作出详细描述的主要原因。但是从根本上来说,共产主义是与资本主义社会具有本质差异和相互对立的两种制度。相比资本主义社会而言,共产主义是人类社会发展史中的一个全新社会形态,构成了真正的人类历史,而此前都只是史前史(尽管与此同时必然需要首先在资本主义内孕育生成共产主义的积极因素,并需要资本主义与共产主义两大社会制度之间进行必要的过渡)。

---

① 《马克思恩格斯文集》(第九卷),人民出版社,2009年,第274页。

在其后的《哥达纲领批判》中，马克思和恩格斯将共产主义社会划分为两个阶段，虽然这两个阶段没有明确地命名为社会主义和共产主义，但是通过具体的描述能够看出两个阶段具有的区别。共产主义社会第一阶段的特征是："这些弊病，在经过长久阵痛刚刚从资本主义社会产生出来的共产主义社会第一阶段，是不可避免的。权利决不能超出社会的经济结构以及由经济结构制约的社会的文化发展。"①这个阶段可以称为共产主义的初级阶段，其坚持按劳分配，遵循商品等价交换规律等，这些原则反映了这一社会形态具有的过渡性特征，说明这一阶段是处于从资本主义社会走向共产主义社会的物质准备阶段。共产主义社会第二阶段的特征是："在共产主义社会高级阶段……才能完全超出资产阶级权利的狭隘眼界，社会才能在自己的旗帜上写上：各尽所能，按需分配！"②这个阶段可以称为共产主义的高级阶段，以"自由人联合体"为核心的共产主义社会是在按需分配的原则上建立起来的。虽然直到列宁的《国家与革命》中，关于共产主义的第一阶段才明确表述为社会主义社会。但在这里我们已经看到，关于共产主义两个阶段划分的想法已见雏形。从这个意义上说，共产主义的实现过程就不仅仅是一条经济学视域下的资本扬弃之路。因为批判资本主义只是《资本论》的表象，而共产主义的真正的本质是实现人类解放。

我们可以看到，马克思和恩格斯曾经批判德国哲学家们的哲学共产主义思维，也批判当时粗陋的共产主义③的主要表现形态，即经济性的共产主义，其目的是论证一个合理的共产主义社会。虽然在经济与政治的关系中，经济处于基础性地位，政治处于从属性地位。但这并不是说政治就不重要了，而是说政治上

---

① 《马克思恩格斯文集》（第三卷），人民出版社，2009 年，第 435 页。

② 同上，第 435~436 页。

③ 仅仅提到消灭私有制是一种粗陋的共产主义的看法。尽管粗陋的共产主义已经意识到私有财产对人的本质的异化，但它显然还不能辩证地看待私有财产，还无法意识到私有财产的积极的一面，因而对私有财产的批判也只能停留在抽象的概念批判阶段。

的共产主义侧重的是一种社会制度。当然,在政治上对于共产主义的讨论不在少数,这是政治哲学的一个重要命题。比如,阿伦特如同大多数政治学家一样,继承柏拉图的思想,将共产主义理解为一种共同体。在这个共同体中,政治、经济、文化、观念等多种要素聚合在一起,构成了一个共同的生活空间和思想空间。到了马克思和恩格斯的时代,所有权问题才成为决定这个共同体形式的关键。这正是马克思主义共产主义学说中最具有真理性的地方。他们曾经在《德意志意识形态》中对"共同体"或"联合体"等相关概念作出了不同的话语表达,但都指向一种扬弃了阶级对立的共产主义社会。黑格尔与马克思两人都相信人类社会的发展不是无止境的,因而这两位思想家都设定了某种"历史的终点"。对黑格尔来说,这个历史的终点是自由国家;而在马克思看来,历史的终点则是共产主义社会。①但不同的是,对前者来说,历史的终点是绝对精神的观念运动;但对后者来说,共产主义是人类社会的新的开端,它既是历史的终点,也是历史的起点。因而马克思和恩格斯所说的共产主义社会既是对资本运动规律的揭示,是在经济社会形态更替中资本主义之后的替代方案,也是作为人的存在方式序列中资本主义之后的更高阶段的开启。

　　所以共产主义社会的来临是遵循历史唯物主义发展逻辑的结果。波普尔曾经在《历史决定论的贫困》中宣扬了下述错误思想。他认为:"历史决定论与极权主义、专制主义密切相关。他(波普尔——作者注)甚至荒唐地把共产主义与法西斯画等号,认为它们在政治斗争中表现为'左''右'两翼,它们的理论基础都是历史决定论。"②这里完全可以用黑格尔的"现实性在其展开过程中表明为必然性"去反驳这句话。这里,"必然性"不能片面地解读为历史决定论。共产主义

---

① 参见[法]德里达:《马克思的幽灵》,何一译,中国人民大学出版社,2016年,第68页。

② [英]卡尔·波普尔:《历史决定论的贫困》,杜汝楫、邱仁宗译,上海人民出版社,2015年,中文版序第4页。

的实现不是历史决定论的产物,而是显示了一种历史必然性。实际上,历史决定论与历史唯物主义有着不同的认识路径。虽然两者都是讨论历史发展规律和人的主观能动性的关系问题,但在前者看来,历史的发展规律起着决定性作用,后者则是强调历史与个人的互动性以及主体的能动性。比如,针对共产主义的实现因素而言,历史唯物主义强调无产阶级革命因素的生成,也强调物质条件的极大丰富。马克思和恩格斯对于未来的共产主义构想,不是纯粹的理论教条,不是纯粹主观的逻辑推理,也不是传统乌托邦的价值预设,而是人类朝向理想生存方式的客观历史运动。它具有十分深刻的现实基础,因为它从物质生活出发,以"现实的个人"所特有的社会实践为基础,表现为一种总体性的活动。这种共产主义既不能单纯还原为某种主体的道德观念,也不能简单还原为某种现实的客观存在,而是主客体的具体的历史的统一。他们将共产主义社会的实现视为历史唯物主义基本原则的具体展开,在人的历史活动中实现了哲学与现实、人与社会、理论与形式的和解,即人的思维能力与生产生活实践的和解。因此,我们理解共产主义既不能左,也不能右。它不仅是哲学意义上的人类学,还是科学意义上的历史观。更重要的是,共产主义作为人们的恒久追求和价值体现,在人类历史中以制度的形式存在,在世界历史中以人类解放的形式存在。

(四)结语

马克思和恩格斯语境下的共产主义思想可以细分为哲学的、科学的和制度的三种类型。之所以作出这种区分,其目的是澄清一些误解。这些误解包括:有学者在引用马克思和恩格斯早期和后期关于共产主义的相关论述时,没有考虑到共产主义思想的一致性,一味地制造马克思和恩格斯对立论以及马克思早期与后期分裂说。这种看法跟将马克思和恩格斯共产主义学说作出适当的阶段划分是有所不同的。因为就马克思和恩格斯的思想演进而言,存在表述的差异很正常,但现在的这种表述如果人为夸大的话,将会造成马克思和恩格斯共产主义思想的空心化;在对共产主义的正面论证中,还有学者不自觉地陷入了哲学共产主义与科学共产主义断裂的泥淖中,在理解科学共产主义的时候简单地将其与实证主义、实用主义等形式等同起来;更有学者在反思共产主义的实践时,将苏联社会主义模式的失败归结为共产主义作为理想社会形态的破灭,将共产主义虚无化,否认共产主义的真理性。这些对于 21 世纪发展马克思主义、坚定共产主义理想信念来说是极其有害的。

当然,我们重点强调的是作为制度的共产主义。因为共产主义的目标是建立一种理想的社会制度。很多西方左翼学者将如今的共产主义视为解决问题的"名字","今天,共产主义不是一个解决方案的名字,而是一个问题的名字了……无论解决方案为何,它都得面对这些问题"[1]。即便共产主义的阐释语境在今天发生了很大的变化,但它依旧指向某种理想的社会制度。特别是在世界面临百年未有之大变局之际,审视 19 世纪共产主义的理论创立时期和 20 世纪共产主义的实践时期,都不能忽视共产主义作为一种社会制度的重要性。乃至于 20 世纪后期以来的马克思主义理论所遭遇的"危机",归根结底的问题症结还是在于建设共产主义社会的伟大实践随着苏东剧变而遭受重大挫折,从而失去了制度导向和社会依托的理论也就变得"声名狼藉"了。从而现在回到马克思和恩格斯语境中的共产主义的目的, 就是再次将共产主义看作一种可以实现的社会制度。从这个意义上来说,共产主义不应该被看作单数的理解,而是依旧要求着一种制度的超越。这就是说,即便这种社会制度曾经遭遇过挫折,即便现在左翼学者更多地是从解决问题的角度去看待共产主义,但都不能否定实现共产主义的

---

[1] Slavoj Žižek.*The Relevance of the Communist Manifesto*,Polity Press,2019,pp.56–57.

最终目标是建立理想的社会制度。党的十二大报告就对此作出过科学阐述，"共产主义作为社会制度，在我国得到完全的实现，还需要经过若干代人的长时期的努力奋斗。但是，共产主义首先是一种运动……这种运动的最终目的是实现共产主义的社会制度。"①同时，共产主义制度要与我们现在进行的中国特色社会主义现代化建设联系在一起。正如习近平总书记在党的十九大报告中指出："中国共产党一经成立，就把实现共产主义作为党的最高理想和最终目标，义无反顾肩负起实现中华民族伟大复兴的历史使命，团结带领人民进行了艰苦卓绝的斗争，谱写了气吞山河的壮丽史诗。"②

三、以人的全面发展为旨趣的
中国式现代化明确了人类社会形态演进的未来方向

一般而言，现代化主要是指自工业革命以来现代生产力发展导致的社会生产方式大变革，引起世界经济加速发展和社会适应性变化的大趋势。③从这个意义上来说，中国式现代化是一场关于现代化的"术语革命"，这种"现代化"异于现代化的一般理解，其突出特点在于，它以人的全面发展为旨归，是对"现实的人之自由个性全面发展的'自由人的联合体'——'自由王国'的追求和构建"④，展现了人类社会形态演进的未来方向，为世界历史的走向提供了确定性答案。

---

① 《十二大以来重要文献选编》(上)，人民出版社，1986年，第27页。
② 习近平：《决胜全面建成小康社会 夺取新时代中国特色社会主义伟大胜利——在中国共产党第十九次全国代表大会上的报告》，人民出版社，2017年，第13页。
③ 参见罗荣渠：《现代化新论：世界与中国的现代化进程》(增订本)，商务印书馆，2009年，序言第5页。
④ 白刚：《真理·道义·文明：中国式现代化的三大制高点》，《吉林大学社会科学学报》，2022年第6期。

（一）"现代化"是一个从物的丰富走向人的全面发展的动态概念

"现代化"是世界历史中生产力与生产力矛盾运动的必然表现，更是世界历史中伴随着社会生产力和世界性交往的共同发展，不断从物的丰富走向人的全面发展的动态概念。

马克思强调由资本主义向共产主义的社会形态的变迁不是遵循理论证明的应然逻辑，而是依照生产力与生产关系矛盾运动的实然逻辑。现代化发展的必然规律是生产方式的变革，必然趋势是人与物关系的辩证统一。一般而言，生产力是指具有劳动能力的人和生产资料相结合而形成的改造自然的能力。生产力的发展不仅表现在物的不断丰富上，而且表现在人的不断发展上。

从人类历史的总体发展趋势来看，随着生产力的不断发展，人的本质力量也在不断发展。人的自由全面发展，简单来说，就是现实的人的社会关系的全面发展，是一种属于人、依靠人和为了人的社会关系形式。在马克思那里，他将人的本质的追问落脚到社会关系上。人是社会化的人，社会是人的社会关系的总和。在其本质意义上，现代化是以物的发展促进人的发展，是人的关系支配物的关系。人的发展实际上就是人的一切社会关系的发展，"一个人的发展取决于和他直接或间接进行交往的其他一切人的发展"，"社会关系实际上决定着一个人能够发展到什么程度"。①现实的个人只有在人的相互作用和人的社会化建构中才能实现自我发展。这说明，在生产力和生产关系日益发展的基础上，共产主义社会或真正的人类的历史要处理的是个体与社会的关系。其最终结果是，人的发展和物的发展统一于社会的发展。换言之，在共产主义的世界图景中，个人作

---

① 《马克思恩格斯全集》（第3卷），人民出版社，1960年，第515、295页。

为"社会存在物"与社会作为"联合起来的个人"是内在一致的。比如,按照恩格斯在《共产主义原理》中对人类理想社会制度作出的设想,人的本质力量的实现,或者说,人的全面发展的实现,至少应包括以下五个方面:一是有计划的生产;二是生产发展到满足所有人的需要;三是共同富裕;四是消灭阶级对立;五是消除旧式分工,消除城乡差别。"由社会全体成员组成的共同联合体来共同地和有计划地利用生产力;把生产发展到能够满足所有人的需要的规模;结束牺牲一些人的利益来满足另一些人的需要的状况;彻底消灭阶级和阶级对立;通过消除旧的分工,通过产业教育、变换工种、所有人共同享受大家创造出来的福利,通过城乡的融合,使社会全体成员的才能得到全面发展。"①这说明,人的全面发展不是自然的产物,而是历史产物。实现人的全面发展是一个需要在现代化进程中不断创造条件和逐步实现的过程。

马克思和恩格斯还在《德意志意识形态》中特别强调,个人的自由全面发展不可能游离于特定的社会历史条件之外,个人只能在他所处的特定的社会历史条件所允许的范围内发展自己,从而实现他在那个时代所可能达到的全面发展。"人们的社会历史始终只是他们的个体发展的历史,而不管他们是否意识到这一点。他们的物质关系形成他们的一切关系的基础。这种物质关系不过是他们的物质的和个体的活动所借以实现的必然形式罢了。"②

(二)中国式现代化实现的是人的全面发展的现代化

经过一百多年的历史实践,中国共产党领导全国各族人民开启、初步形成、开拓和推进了中国式现代化。中国式现代化运用历史唯物主义,以生产力的发

① 《马克思恩格斯文集》(第一卷),人民出版社,2009年,第689页。
② 《马克思恩格斯文集》(第十卷),人民出版社,2009年,第43页。

展为社会进步的标志,从一种具体社会形态中发展出了更高级的社会结构。按照历史唯物主义的一般规定,人类社会形态的更替是在处理社会主要矛盾的过程中不断发展和推进的,是生产关系和生产力之间的关系不断演变、上层建筑不断适应经济基础的结果。

中国式现代化既强调生产力发展,又强调生产关系的发展。党的二十大报告明确指出,中国式现代化有基于自己国情的中国特色。第一,中国式现代化是人口规模巨大的现代化;第二,中国式现代化是全体人民共同富裕的现代化;第三,中国式现代化是物质文明和精神文明相协调的现代化;第四,中国式现代化是人与自然和谐共生的现代化;第五,中国式现代化是走和平发展道路的现代化。这五大"中国特色",是中国式现代化在生产关系方面的规定,重在强调如何在处理人与物、人与人、人与社会、人与自然、人与世界的关系中实现"和解"。这一生产关系的调整目的是推动生产力的发展和人的全面发展。这五大"中国特色"在九个本质要求中具体展开,表现为三个逻辑层次:一是政治要求,二是实践要求,三是时代要求。具体来说,在经济发展问题上,强调"实现高质量发展",为中国式现代化提供更好的物质基础;在政治民主问题上,强调"发展全过程人民民主",为中国式现代化提供更贴合民心民意的政治保障;在文化创新问题上,强调"丰富人民精神世界",为中国式现代化提供更契合人的发展的精神支撑;在社会建设问题上,强调"实现全体人民共同富裕",为中国式现代化提供满足人对美好生活需求的发展目标;在生态环境问题上,强调"人与自然和谐共生",为中国式现代化提供更优越的社会存在条件。九个本质要求是五个中国特色的深化与提升。

中国式现代化既强调经济基础,又突出上层建筑,特别是通过完善上层建筑来进一步促进生产力的发展。坚持以人民为中心的发展思想是中国式现代化的制度本质。资本逻辑主导的资本主义现代化,带来的是单向度的社会和单向度的人。苏联式的传统社会主义现代化，以国家垄断制阻碍了生产力发展与人的社会关系发展之间的内在联系。人的社会关系的发展直接关系人的全面发展的实现程度。正如马克思所言："社会关系实际上决定着一个人能够发展到什么程度。"①对我国而言，"社会主义的经济是以公有制为基础的，生产是为了最大限度地满足人民的物质、文化需要，而不是为了剥削"②。这里，生产关系的调整不仅体现在生产资料所有制这个根本性问题上，还体现在由生产关系总和构成的社会关系上。中国式现代化立足中国国情，坚持人民至上，以现实的个人作为实践主体，从全面的、整体的视角出发来处理各种社会关系，实现了对社会关系的进一步调整。具体来说，在人与发展的关系上，强调"人口规模巨大的现代化"；在人与社会的关系上，强调"全体人民共同富裕的现代化"；在人与文明的关系上，强调"物质文明和精神文明相协调的现代化"；在人与自然的关系上，强调"人与自然和谐共生的现代化"；在人与世界的关系上，强调"走和平发展道路的现代化"。可以说，中国式现代化在党的领导和中国特色社会主义制度的制度规定下，坚持以人民为中心这一制度本质，通过完善上层建筑来进一步促进生产力的发展，在赶上时代、实现社会主义现代化的同时，续写了促进社会进步和人的全面发展的新篇章。

这就是说，中国式现代化将生产力与生产关系进一步推进历史规律与历史主体性选择这一问题上，并将发展生产力与人的全面发展统一起来，"在发展问题上，以人民为中心和以经济建设为中心并不是相互否定的，而是辩证统一的。"③从根本目的而言，现代化的本质是通过物的现代化而实现的人的现代化，从而在激发社会内在动力的基础上构建了一个理想的社会模型。正如有学者指

---

① 《马克思恩格斯全集》(第3卷)，人民出版社，1960年，第295页。

② 《邓小平文选》(第二卷)，人民出版社，1994年，第167页。

③ 李冉：《深刻认识和把握以人民为中心的发展思想》，《马克思主义研究》，2017年第8期。

出,不能根据政治模式来理解资本主义和社会主义。中国式现代化的成就逐渐改变了人们对传统社会主义、传统资本主义的不贴切理解,重塑了一种既能发展经济又能确保社会主义价值逐步获得实现的新型社会主义。在这种新型社会主义中,一个代表人民利益而不是代表精英利益的政府至关重要,这样的政府只能是中国共产党领导的人民政府。"中国的经验则表明,如果经济最大限度地掌握在代表人民利益而不是精英利益的政府手里,经济发展将产生更好的结果。'共产主义者'并不是政治局(共产主义精英)的代名词,而是一种代表人民利益对经济进行监管的状态。"或者用德里克的话来说,"社会主义"意味着"必须以人民为基础,而不是以政府为中心"。[①]其中,社会主义与资本主义的根本性不同在于,中国共产党领导的人民政府是以人民为中心,而不是以个人为中心。"只有坚持以人民为中心的发展思想,坚持发展为了人民、发展依靠人民、发展成果由人民共享,才会有正确的发展观、现代化观。"[②]那么如何在西方政治哲学视域中理解"个人"与"人民"概念呢? 按照西方政治哲学家的解释,个人不是专指这个人或者那个人,而是指生活在社会中的每一个独立的自然个体。当代中国政治哲学的价值主体不应当是抽象的个人,而应当是"人民"。当然,在"人民"这一概念中,包含了每一个"个人",而绝不是要用一个大写的"人"来消解"个人"概念。就思想内涵来说,"人民"就是"每个人"和"一切人"的有机统一。[③]从这个意义上,中国式现代化何以将发展生产力与人的全面发展统一起来的原因得到简要阐明。

---

① 赵锦英:《从中国现代化到中国式现代化》,《教学与研究》,2023年第4期。
② 《习近平谈治国理政》(第四卷),外文出版社,2022年,第171页。
③ 参见李佃来:《中国式现代化与当代中国政治哲学建构》,《求索》,2023年第3期。

（三）中国式现代化展现了人类社会形态
演进的未来指向——共产主义社会

中国式现代化基于本国国情，在"现代化的本质是人的现代化"的规定中，走出了一条制度建构与人的发展相一致的中国特色社会主义道路，在"五大文明"的整体推进中破除了发展中国家不能兼顾经济发展和社会稳定的发展悖论，走出了一条摒弃了资本主义现代化弊端的发展新道路，超越了以资本主导的资本主义文明形态，确立了以人民为中心、促进人的全面发展的社会主义文明逻辑，所要实现的是人的现代化与社会现代化、局部现代化和人类整体现代化的统一。

在生产力和生产关系、经济基础和上层建筑的矛盾运动中，生产关系和上层建筑的调整是为了适应生产力的发展，满足人的需要，促进人的全面发展。这里的生产力是社会生产力，而非资本的生产力；这里的现代化是人主导的现代化，而非资本主导的现代化。因此，这里的人既是中国广大人民群众，也是整体意义上的人类主体。从这个意义上说，中国式现代化在发展中保持了人与自然、人与社会、人与人之间的和谐，建立了更为先进的制度体制和生产关系，是一种更为先进的现代化形式。这进一步表明，中国式现代化与西方式现代化在现代化的成立前提上是截然不同的。中国式现代化是在物质生产活动与人的自由自觉的活动相一致的前提下展开的。马克思就曾对社会主义经济形态作过一个概括："在保证社会劳动生产力极高度发展的同时又保证每个生产者个人最全面的发展的这样一种经济形态。"①中国式现代化聚焦社会主要矛盾的新变化，以

---

① 《马克思恩格斯文集》（第三卷），人民出版社，2009 年，第 466 页。

"五位一体"总体布局作为实践要求,从全面的、整体的和发展的视角出发处理各种社会关系,规定了中国式现代化与资本主义现代化在发展路径和发展目的上的根本性不同,在物质文明、政治文明、文化文明、社会文明和生态文明这"五大文明"中不断解决社会发展不平衡不充分的矛盾,不断满足人民对美好生活的需要,在社会经济形态的意义上实现了对资本主义生产方式的历史性超越。

　　总的来说,从马克思的社会形态理论出发,我们会发现,依据生产关系的性质,人类社会划分为不同的社会形态。无论是从所有制关系演进,还是从人的发展的三阶段来看,社会形态的更替也是一个文明跃升的过程,呈现出历史发展趋势的统一性与文明形态的多样性的发展规律。其中,社会形态着眼于揭示人类社会发展的一般规律,呈现的是历史依次更替的必然趋势;具体国家的文明形态着眼于揭示人类社会发展的特殊规律,呈现的是历史更替过程中的实际表现形式。就人类社会发展趋势即历史发展的必然性而言,中国特色社会主义开创的人类文明新形态的世界意义就在于,它在对资本主义现代化的扬弃中,在人摆脱物的束缚、向人的本质复归中展现了人类社会文明演进的未来指向——共产主义社会。

结　语

　　中国式现代化是符合人类社会发展趋势的现代化,以社会主义文明形态的方式呈现出了真正属于人的文明新形态的基本面貌。从这个意义上说,中国式现代化展现的人类文明新形态不仅是中国的产物,更是人类文明的伟大创造,它将继续在推进现代化进程中指引世界历史的发展向着建立共产主义社会的方向前进。

参考文献

一、著作类

1.《马克思恩格斯文集》(第一~十卷),人民出版社,2009年。

2.《马克思恩格斯全集》(第30卷),人民出版社,1995年。

3.《马克思恩格斯全集》(第31卷),人民出版社,1998年。

4.马克思:《共产党宣言》,人民出版社,2018年。

5.马克思:《资本论》(第一~三卷),人民出版社,2004年。

6.《列宁选集》(第一~四卷),人民出版社,1995年。

7.《列宁全集》(第55卷),人民出版社,1990年。

8.《毛泽东选集》(第二卷),人民出版社,1991年。

9.《邓小平文选》(第三卷),人民出版社,1993年。

10.习近平:《在纪念马克思诞辰200周年大会上的讲话》,人民出版社,2018年。

11.习近平:《高举中国特色社会主义伟大旗帜 为全面建设社会主义现代化国家而团结奋斗——在中国共产党第二十次全国代表大会上的报告》,人民出版社,2022年。

12.《习近平谈治国理政》(第四卷),外文出版社,2022年。

13.《习近平新时代中国特色社会主义思想学习纲要》,学习出版社、人民出版社,2023年。

14.[英]艾瑞克·霍布斯鲍姆:《帝国的年代(1875—1914)》,贾士蘅译,中信出版社,2017年。

15.[英]安东尼·吉登斯:《现代性的后果》,田禾译,黄平校,译林出版社,2000年。

16.曹荣湘:《马克思世界历史理论与当代全球化》,中央编译出版社,2006年。

17.陈先达:《走向历史的深处:马克思历史观研究》,中国人民大学出版社,2016年。

18.陈学明:《中国为世界贡献了什么?》,天津人民出版社,2017年。

19.[美]大卫·哈维:《新自由主义简史》,王钦译,上海译文出版社,2016年。

20.[美]大卫·哈维:《资本社会的17个矛盾》,许瑞宋译,中信出版社,2016年。

21.[美]杜赞奇:《全球现代性的危机——亚洲传统和可持续的未来》,黄彦杰译,商务印书馆,2017年。

22.[美]费正清:《伟大的中国革命》,刘尊棋译,世界知识出版社,2000年。

23.丰子义、杨学功:《马克思"世界历史"理论与全球化》,人民出版社,2002年。

24.[德]贡德·弗兰克:《白银资本——重视经济全球化中的东方》,刘北成译,四川人民出版社,2017年。

25.姜辉:《21世纪世界社会主义的特点》,社会科学文献出版社,2016年。

26.罗荣渠:《现代化新论——世界与中国的现代化进程》,商务印书馆,

2009 年。

27.[德]洛维特:《世界历史与救赎历史——历史哲学的神学前提》,李秋零、田薇译,商务印书馆,2016 年。

28.[美]马尔库塞:《单向度的人:发达工业社会意识形态研究》,刘继译,上海世纪出版社,2008 年。

29.[德]马克斯·韦伯:《新教伦理与资本主义精神》,康乐、简惠美译,广西师范大学出版社,2010 年。

30.[美]迈克尔·哈特、[意]安东尼奥·奈格里:《大同世界》,王行坤译,中国人民大学出版社,2016 年。

31.聂运麟等编:《中国特色社会主义理论体系研究》,人民出版社,2011 年。

32.[埃及]萨米尔·阿明:《不平等的发展——论外围资本主义的社会形态》,高铦译,社会科学文献出版社,2017 年。

33.[埃及]萨米尔·阿明:《全球化时代的资本主义——对当代社会的管理》,丁开杰等译,李智校,中国人民大学出版社,2016 年。

34.孙伯鍨、张一兵:《走进马克思》,江苏人民出版社,2012 年。

35.[美]沃勒斯坦等:《资本主义还有未来吗?》,徐曦白译,社会科学文献出版社,2014 年。

36.杨耕:《东方的崛起:关于中国式现代化的哲学反思》,人民出版社,2022 年。

37.叶险明:《世界历史理论的当代构建》,中国社会科学出版社,2014 年。

38.俞可平编:《全球化时代的"社会主义":九十年代国外社会主义述评》,中央编译出版社,1998 年。

39.俞吾金:《被遮蔽的马克思》,人民出版社,2012 年。

二、文章类

1.曹泳鑫:《世界历史、中国道路和人类命运共同体》,《马克思主义研究》,2017 年第 9 期。

2.陈曙光:《中国式现代化的世界历史意义》,《马克思主义与现实》,2023 年第 4 期。

3.陈学明:《对"人类文明新形态"的若干思考》,《福建师范大学学报》(哲学社会科学版),2021 年第 6 期。

4.程恩富:《全面开启建设社会主义现代化国家的若干重点解析》,《当代经济研究》,2021 年第 1 期。

5.戴木才:《论世界各国现代化的共同特征》,《思想理论教育》,2023 年第 4 期。

6.丰子义:《马克思"世界历史"思想的方法论意义》,《北京大学学报》(哲学社会科学版),2000 年第 4 期。

7.冯钢:《马克思的"世界历史"思想与社会发展理论》,《社会学研究》,1992 年第 4 期。

8.顾海良:《20 世纪下半期现代化思想探索的中国话语》,《国家现代化建设研究》,2023 年第 2 期。

9.顾智明:《论马克思的"世界历史眼光"》,《马克思主义研究》,2004 年第 3 期。

10.韩庆祥、张健:《中国式现代化的深层逻辑——兼论创造人类文明新形态的历史必然性》,《当代世界与社会主义》,2023 年第 1 期。

11.郝立新:《中国式现代化与促进人的全面发展》,《思想理论教育导刊》,2023 年第 4 期。

12.郝立新、周康林：《构建人类命运共同体——全球治理的中国方案》，《马克思主义与现实》，2017年第6期。

13.何萍：《马克思主义世界历史理论中的决定论与非决定论——关于马克思、卢森堡、列宁的一个比较研究》，《哲学研究》，2008年第3期。

14.侯惠勤：《论人类文明新形态》，《陕西师范大学学报》（哲学社会科学版），2022年第2期。

15.胡振良：《现代化：21世纪科学社会主义的时代内涵》，《当代世界社会主义问题》，2021年第4期。

16.黄建军：《唯物史观视野下中国式现代化的历史坐标与世界意义》，《马克思主义研究》，2022年第6期。

17.姜辉、林建华：《当代中国历史方位和发展阶段的科学判断及其演进逻辑》，《中国社会科学》，2022年第1期。

18.李包庚：《世界普遍交往中的人类命运共同体》，《中国社会科学》，2020年第4期。

19.李冉：《中国道路与马克思实践观的革命性质》，《理论探讨》，2019年第3期。

20.梁树发：《世界历史、全球化的社会形态意义——兼论世界社会形态概念的合理性》，《哲学研究》，2005年第12期。

21.刘晨光：《人类文明新形态的创造——论中华文明与现代社会主义的交融》，《中共中央党校（国家行政学院）学报》，2022年第1期。

22.刘敬东：《资本、世界历史与共产主义的三位一体——〈资本论〉及其手稿的一个考察》，《马克思主义研究》，2023第2期。

23.刘同舫：《以唯物史观理解中国式现代化理论》，《哲学研究》，2023年第3期。

24.刘须宽：《人类文明新形态的历史唯物主义分析》，《世界社会主义研究》，2022年第6期。

25.鲁品越:《"构建人类命运共同体"伟大构想:马克思"世界历史"思想的当代飞跃》,《哲学动态》,2018 年第 3 期。

26.骆郁廷:《中国式现代化:共同特征与中国特色》,《马克思主义研究》,2023 年第 1 期。

27.马俊峰:《马克思世界历史理论的方法论意义》,《中国社会科学》,2013 年第 6 期。

28.石云霞:《论习近平世界历史观》,《马克思主义研究》,2020 年第 8 期。

29.宋国栋:《马克思世界历史思想再思考》,《马克思主义研究》,2018 年第 3 期。

30.宋士昌、李荣海:《全球化与建设中国特色社会主义》,《中国社会科学》,2001 年第 6 期。

31.唐爱军:《唯物史观视域中的中国式现代化新道路》,《哲学研究》,2021 年第 9 期。

32.田鹏颖、张晋铭:《人类命运共同体思想对马克思世界历史理论的继承与发展》,《理论与改革》,2017 年第 4 期。

33.王莉:《〈1857—1858 年经济学手稿〉与马克思的"世界历史"思想》,《教学与研究》,2017 年第 10 期。

34.王伟光:《中国特色社会主义创造"人类文明新形态"和"中国式现代化道路"》,《哲学研究》,2022 年第 9 期。

35.吴宏政:《21 世纪马克思主义世界历史观的叙事主题》,《中国社会科学》,2021 年第 5 期。

36.吴晓明:《世界历史与中国道路的百年探索》,《中国社会科学》,2021 年第 6 期。

37.吴晓明:《世界历史与中国式现代化》,《学习与探索》,2022 年第 9 期。

38.吴忠民:《论中国共产党的现代化观》,《中国社会科学》,2022 年第 7 期。

39.郗戈:《〈共产党宣言〉世界历史理论与人类命运共同体建构》,《湖南科技大学学报》(社会科学版),2018 年第 4 期。

40.项久雨:《创造美好生活的人类文明新形态》,《教学与研究》,2022 年第 10 期。

41.辛向阳:《中国共产党的领导与中国式现代化》,《马克思主义研究》,2022 年第 10 期。

42.阎树群:《中国式现代化:共性与个性的辩证统一》,《陕西师范大学学报》(哲学社会科学版),2023 年第 2 期。

43.杨耕:《马克思世界历史理论当代意义》,《北京社会科学》,1994 年第 4 期。

44.杨学功、孙伟平:《从马克思的"世界历史理论"看全球化》,《教学与研究》,2001 年第 4 期。

45.叶险明:《世界历史的"双重结构"与当代中国的全球发展路径》,《中国社会科学》,2012 年第 6 期。

46.俞可平:《中国特色社会主义的世界历史意义》,《人民论坛》,2008 年第 24 期。

47.俞吾金:《社会形态理论与中国发展道路》,《上海师范大学学报》(哲学社会科学版),2011 年第 2 期。

48.袁秉达:《马克思跨越"卡夫丁峡谷"设想与中国特色社会主义制度创新和完善》,《科学社会主义》,2019 年第 6 期。

49.张占斌、王海燕、毕照卿:《中国式现代化的战略阶段、文明形态和时代意义》,《当代世界与社会主义》,2022 年第 4 期。

50.张志强:《在世界百年未有之大变局中创造人类文明新形态》,《世界社会主义研究》,2022 年第 4 期。

51.赵士发:《论马克思的世界历史视野及其对毛泽东的影响——兼谈世界

历史理论的基本问题》《哲学研究》,2011 年第 7 期。

　　52.郑必坚:《新时代中国和新一轮经济全球化》,《理论导报》,2018 年第 5 期。

　　53.邹诗鹏:《〈资本论〉与现代世界历史》,《武汉大学学报》(哲学社会科学版),2018 年第 2 期。

后　记

从 2018 年 7 月上海市哲学社会科学规划项目"中国特色社会主义与世界历史的当代转向"立项后,我就将研究方向聚焦于此问题。该问题具有很强的学术研究价值,但研究该问题的学者基本都要满足以下四点要求:一是高瞻远瞩的大局意识,二是宽阔的学术视野,三是深厚的理论功底,四是多学科交叉的问题意识。我作为一个半路出家的青年教师,距离这四点要求还差很远,因此在把握该问题时的难度可想而知。在博士后期间,我花了很长时间去作研究该问题的理论准备,但在中期考核时遭到了在场所有老师的反对,那个场景至今历历在目。最终我的博士后出站报告不得不放弃了这一选题,转而投入自己熟悉的研究领域。现在回过头来看,当时换选题也并未是个坏事情。记得有人曾说过:"人的一生,要走多少路,才能确定前行的方向,在路上要遇到多少人,才能知道与谁同行。""中国特色社会主义与世界历史的当代转向"这一问题就像一粒小小的种子,已经在我的学术生命体中扎下了根。在此后五年时间里,我发表的学术论文大都与此研究问题有关。我想,五年过去了,这本书是对自己这段时期研究成果的一个检验,也是自己研究该议题的一个起点。

后 记

当今世界正处于百年未有之大变局，面对这么宏大而有意义的主题，我还是个初学者。我在书中的不少观点还很不成熟，有些判断过于绝对，有些论证过于简单，有些表达过于直接。我会在不断学习中自我纠错，继续深耕原著，从中凝练问题，主动面向现实，也希望能够在此过程中得到各位前辈的批评指正。

感谢在本书出版的各个环节中付出诸多努力的王佳欢老师。我们虽不经常见面，但在网络上的工作联系中，她总能带给我满满的正能量。

李 健

2023 年 6 月 17 日于上海家中